养老机构入院评估操作手册

YANGLAO JIGOU RUYUAN PINGGU CAOZUO SHOUCE

主　编　隋国辉

副主编　张　翼　黄　琳　蔡山彤　梅超南

西南财经大学出版社

中国·成都

图书在版编目(CIP)数据

养老机构入院评估操作手册/隋国辉主编．—成都:西南财经大学出版社,2021.7

ISBN 978-7-5504-4967-1

Ⅰ.①养… Ⅱ.①隋… Ⅲ.①养老院—社会服务—评估—中国—岗位培训—手册 Ⅳ.①D669.6-62

中国版本图书馆 CIP 数据核字(2021)第 130073 号

养老机构入院评估操作手册

主 编 隋国辉

副主编 张 翼 黄 琳 蔡山彤 梅超南

责任编辑:李特军

封面设计:张姗姗

责任印制:朱曼丽

出版发行	西南财经大学出版社(四川省成都市光华村街 55 号)
网 址	http://cbs.swufe.edu.cn
电子邮件	bookcj@swufe.edu.cn
邮政编码	610074
电 话	028-87353785
照 排	四川胜翔数码印务设计有限公司
印 刷	郫县犀浦印刷厂
成品尺寸	185mm×260mm
印 张	11.5
字 数	226 千字
版 次	2021 年 7 月第 1 版
印 次	2021 年 7 月第 1 次印刷
印 数	1—3000 册
书 号	ISBN 978-7-5504-4967-1
定 价	39.80 元

养老机构入院评估操作手册
编 委 会

主　编　隋国辉

副主编　张　翼　黄　琳　蔡山彤

梅超南

编　委　陶景景　郝　刚　王美玉

王莲凤　李巧霞　武锐霞

单泽良　谭小梅　温章燕

姬　玉

主审单位　贵州省养老服务指导中心

前言

QIANYAN

2013年，国务院先后印发《关于加快发展养老服务业的若干意见》《关于促进健康服务业发展的若干意见》。党的十九大报告强调，我国要积极应对人口老龄化，构建养老、孝老、敬老政策体系和社会环境，推进医养结合，加快老龄事业和产业发展。虽然我国居家养老、社区养老、机构养老相协调，医养、康养相结合的养老服务体系基本建成，老年人高龄津贴、服务补贴和护理补贴制度基本覆盖；但是，要实现人人享有基本养老服务，有效地满足老年人多样化和多层次的养老服务需求，我国亟须建立和完善科学化、标准化、规范化、人性化的评估体系，以推动养老服务保障的“有效”和“公平”，提高养老服务质量，应对社会对养老服务的迫切需求。

根据《中华人民共和国劳动法》、《中华人民共和国老年人权益保障法》和《老年人能力评估标准》(MZ/T 039-2013)、《老年人照护等级划分与评估》、《老年人生活能力评估规范》等文件，我们编写了《养老机构入院评估操作手册》一书。

本书以国家相关政策、规范、要求为依据，结合我国国情，遵循严谨、科学和系统的研究方法进行编写；引入老年人照护需求评估领域的最新研究成果、热点问题、照料护理等级变化及发展趋势，以更好地适应社会对21世纪养老评估从业人员知识、能力及素质的要求。

本书可以为养老服务培训体系的建设提供参考，提升养老机构评估人员的评估成效和专业技能，使养老机构对入住老年人的评估有一致且标准化的流程，使评估结果兼具有效性和一致性。同时，本书通过简明科学的方法准确地划分老年人照护需求等级，反映老年人的照护需求类型、照护等级，可以为养老机构及政府部门制定相关养老服务政策提供科学的参考依据，为养老服务的规范化、标准化建设提供支撑；能帮助养老机构更好地满足老年人日益增长的多层次、专业化的健康养老需求，提升老年人的生活质量，从而提高养老服务从业人员的服务水平。

本书由西南财经大学天府学院的隋国辉担任主编，各副主编和参编主要是本校医学、护理、康复专业教学一线的骨干教师。隋国辉主要负责全书总体框架及提纲的撰写，并对参编人员的初稿在文字表述和内容上进行了多次精心的指导；梅超南负责全书的统稿工作；张翼、黄琳、蔡山彤担任编写顾问。本书的编写得到了贵州省养老服务指导中心的帮助和支持，在此一并表示感谢！

编者

2020 年 9 月

目录

MULU

第一章　养老机构入院评估概述

学习目标

1. 掌握养老机构入院评估的内容和流程
2. 熟悉养老机构入院评估的目的和意义
3. 了解我国养老相关的政策和法规
4. 能够为养老机构制定入院评估流程

第一节　中国人口老龄化现状

中国受到计划生育政策和晚婚晚育政策的影响，人口老龄化的速度正在不断加快。2000 年，全国 60 岁以上的人口占总人口的比例超过了 10%；2020 年年底，中国 60 岁及以上老年人口已达 2. 64 亿，占总人口的 18. 7%。预计到 2025 年，65 周岁以上人口将占总人口的 25%左右，中国进入深度老龄化社会；到 2050 年前后，中国老年人口数将达到 4. 87 亿的峰值，占总人口的 34. 9%。1999 年中国进入人口老龄化社会到 2018 年的 19 年间，中国老年人口已经增加了 1. 1 亿。

根据联合国颁布的《人口老龄化及其社会经济后果》确定的划分标准，当一个国家或地区 65 岁及以上老年人口数量占总人口的比例超过 7%时，就意味着这个国家或地区进入老龄化社会；达到 14%即可称为深度老龄化社会；超过 20%则可以被称为超老龄化社会。1982 年的维也纳老龄问题世界大会明确规定，当一个国家或地区的 60 岁及以上老年人口占总人口的比例超过 10%，则意味着这个国家或地区进入老龄化社会。按照上述的划分标准，中国目前已经进入老龄化社会，并将于 2025 年进入深度老龄化社会，于 2050 年进入超老龄化社会。

一、中国人口老龄化的特点与趋势

（一）老年人口基数大

第七次全国人口普查数据显示，截至2020年11月1日，60岁以上的老年人口为2.64亿，占总人口的18.7%。其中，65岁以上老年人为1.9亿，占总人口的13.5%，2014年已经超过2亿，2026年将达到3亿，2037年将超过4亿，2051年将达到最大值，之后将一直维持在3亿~4亿。

（二）老年人口发展速度快

1990—2020年，中国的65岁以上老年人占总人口的比例从7%提升到14%，发达国家大多用了45年以上的时间，而中国仅用了27年就可以完成这个历程。中国的老龄化在未来很长一段时间内将保持较高的递增速度，人口老龄化程度进一步加深。

（三）地区发展不均衡

中国的经济发展水平以及卫生医疗水平的地区差异，以及劳动力迁移以及户籍政策，会造成我国人口老龄化存在地区差异和地区发展不均衡现象。2020年，老龄化较为严重的山东省、四川省和辽宁省，其65岁及以上人口占总人口的比重分别达到了15.16%、14.99%和14.98%；程度较轻的青海省、新疆维吾尔自治区和西藏自治区65岁及以上人口占总人口的比重分别为7.58%、7.16%和5.68%。

1979年上海最早进入人口老年型城市行列，2012年宁夏最晚进入人口老年型城市行列，时间跨度长达33年。由此可见，中国人口老龄化发展呈现出由东到西的阶梯状，东部经济发达地区的人口老龄化速度明显快于西部经济欠发达地区的人口老龄化速度。而农村出现了大量的留守老年人，独居或只与配偶生活的老年人的比重不断上升。农村经济基础薄弱、医疗和养老保障体系不健全，使得农村养老问题日趋严重。

（四）城乡倒置显著

中国是农业大国，农村人口数量多，而且越来越多的农村青壮年携子女进城务工，这些都导致了农村老龄化水平偏高，这种城乡人口数量倒置的状况将一直持续到2040年。到21世纪后半叶，城镇的老龄化水平才将超过农村，并逐渐拉开差距。这是中国人口老龄化不同于发达国家的重要特征之一。

（五）老龄化超前于现代化

与发达国家的历程相反，中国是在经济尚不发达的情况下提前进入老龄化社会的。中国仍是中等偏低收入的发展中国家，应对人口老龄化的经济实力还比较薄弱。

（六）高龄化、空巢化进一步加速

2015年，全国80岁以上老年人已达到2 400万人，约占老年人口的11.1%，年均净增高龄老年人100万人，增速超过我国人口老龄化速度。同时，空巢化进一步加剧，2010

年 65 岁以上空巢老年人有 4 150 万人，占老年人口的近 14%；到 2015 年已超过 5 100 万人，老年人的照护问题日益突出。

二、中国人口老龄化的原因

中国人口老龄化的主要原因有两个：第一，在计划生育政策的影响下，各年龄层次人口比例发生了变化；第二，平均寿命的延长，使得 60 岁以上人口增多。

（一）计划生育政策的影响下，各年龄层次人口比例的变化

1949—1957 年，中国一直处于死亡率低、出生率高的人口状态，人口迅速增加。其间，中国的人口出生率一直维持在年均 34.7%的较高增长水平。

1958—1961 年，中国年平均出生率下降到 2.2%，死亡率上升到 16.6%，呈现出“低出生率、高死亡率、低人口增长率”的人口状态。粮食缺乏导致人类非正常死亡，这让中国政府认识到人口过多的危害。从此，中国开始宣传少生孩子的政策，并提倡计划生育。

为了控制人口数量、提高人口质量，从 1970 年起，中国推行“晚婚晚育、少生优生”的生育政策。政府对只生育一个孩子的家庭进行奖励，并倡议一对夫妇最多生育两个孩子，且两个孩子的出生间隔时间在三年以上。到 1980 年，中国人口还不到 10 亿。随后，中国政府推行了严格限制的生育政策，即“一对夫妇只能生育一个孩子”的计划生育政策。计划生育政策实施 30 年来，年均人口出生率呈现缓慢增长的状态，这种状态一直持续到 2013 年。

（二）平均寿命的延长

人口老龄化的另一个重要原因是死亡率下降且人均寿命延长。1949 年以前，中国的新生儿死亡率在 200‰~250‰，城镇约 120‰，农村高达 300‰。农村新生儿死亡率比城镇高出很多的原因是：医院少、健康意识薄弱、传统的多生孩子观念、文化水平低等。中华人民共和国成立以后，中国从农业时代进入工业时代，引入了新的社会医疗保障体系，医院和医护人员的数量增加，生活质量得到提升，新生儿的死亡率逐步下降。1973—1975 年，中国的新生儿死亡率控制在 47‰左右，到 2015 年下降到 8.1‰。随着新生儿死亡率下降，中国人均寿命也在逐渐延长。1955 年，中国人均寿命为 44.6 岁，而到 2015 年中国人均寿命为 75.99 岁，其中，男性从 43.8 岁延长至 73.64 岁，女性从 45.5 岁延长至 79.43 岁。

其原因主要有以下几点：第一，经济增长使人民生活水平得到提高，人们更加注重健康问题；第二，预防接种等公共卫生制度的普及；第三，社会医疗保障制度的引入；第四，有专家指出，收入的提高也会延长人均寿命。从理论上来说，人均 GDP 每增长 10%，人均寿命就会提高 0.65 岁。医疗条件的改善是新生儿死亡率降低和人均寿命延长的重要原因之一。中华人民共和国成立后，城镇和农村都建立和完善了合理的医疗供给体系，如设立市县医院、社区医疗服务机构、乡镇卫生所等，并全部纳入政府管理。由于医疗服务体系的建立和完善，大部分致死的流行性病都得到了控制。1980 年起，中国逐渐认可个体

开业行医的营业资质，使得医疗机构朝着多元化的方向发展。1990 年以后，中国的医疗供给体系不断完善，医疗机构的数量也不断增加，综合医院数量、中医院数量和专科疾病防治医院数量都在逐年增加。

第二节　养老机构入院评估的目的及意义

随着当前社会老龄化和高龄化问题的日益严峻，老年人特别是失能老年人对社会养老服务的需求日益增加，养老服务行业亟须建立和完善科学化、标准化、规范化、人性化的评估体系，提高养老服务质量，以应对社会对养老服务的迫切需求。

养老服务需求评估的目的，是确定老年人所需养老服务的类型、护理等级。具体评估的目的和意义对于国家/政府层面、机构/行业层面、个人层面都不一样。

一、国家/政府层面

（1）为制定养老服务政策提供数据支撑，让养老政策更“接地气”，全面实现老有所养、老有所依。

（2）准确地把握市场需求，科学地制订养老服务设施建设计划，满足不同档次、不同层次养老需求的养老服务项目。

（3）以需求为导向，正确地规划并建立多种补贴制度，帮助真正有需求、有困难的老年人。

（4）合理地规划、使用有限的养老财政投入。

二、行业/机构层面

（1）减少意外风险发生的概率，提供规避风险的措施。

（2）指导养老服务机构科学地制订照护服务计划，精准科学地为老年人提供个性化、差异化的养老服务。

（3）为养老机构收费等级的划分提供依据，避免出现与老年人及其家属因服务项目而引起的收费纠纷问题。

三、个人层面

（1）能够很好地了解老年人的健康、疾病、精神状况。

（2）帮助老年人恢复健康或维持目前的健康状况。

（3）作为享受国家财政补贴的依据，如社会福利、社会救助、长期照护保险等。

（4）通过评估，家属可根据老年人的实际情况，选择不同的养老方式和养老机构。

（5）有利于适时转诊、转院、出院，减少治疗费用的支出。

第三节　养老机构入院评估的内容

养老机构入院评估的内容包括老年人基本能力等级评估、养老服务需求等级评估、老年人认知症等级评估、常见老年综合征评估、适老化环境的评估。养老机构可根据所提供的服务选择相应的评估项目。

一、老年人基本能力等级评估

老年人基本能力等级评估包括日常生活自理能力评估、工具性生活自理能力评估、认知能力评估、感知觉与沟通能力评估（表1-1）。

表1-1　老年人基本能力等级评估

评估项目	评估指标	评估内容
老年人基本能力等级评估	自理和活动能力	日常生活自理能力
		工具性生活自理能力
	认知能力	认知能力
	感知觉与沟通能力	感知觉与沟通能力

二、养老服务需求等级评估

养老服务需求等级评估包括老年人基本能力等级评估、疾病状况评估、心理状况评估、风险等级评估、社会状况评估（表1-2）。

表1-2　养老服务需求等级评估

评估项目	评估指标	评估内容
养老服务需求等级评估	老年人基本能力等级评估	日常生活自理能力
		工具性生活自理能力
		认知能力
		感知觉与沟通能力
	疾病状况评估	疾病的种类
	心理状况评估	抑郁状况评估
		焦虑状况评估

表1-2(续)

评估项目	评估指标	评估内容
养老服务需求等级评估	风险等级评估	跌倒风险
		压疮风险
		噎食风险
		营养不良风险
	社会状况评估	人际关系评估
		社会支持评估
		家庭支持评估
		角色评估
		文化评估

三、老年人认知症等级评估

老年人认知症等级评估包括认知能力评估、工具性生活自理能力评估、心理状况评估、感知觉与沟通能力评估（表1-3）。

表1-3　老年人认知症等级评估

评估项目	评估指标
老年人认知症等级评估	认知能力
	工具性生活自理能力
	心理状况
	感知觉与沟通能力

四、常见老年综合征评估

老年综合征常见的症状体征包括：痴呆、头晕、谵妄、失眠、疼痛、尿失禁、大便失禁、便秘、多重用药等。常见老年综合征评估的内容包括疼痛评估、尿失禁评估、大便失禁评估、多重用药评估（表1-4）。

表1-4　常见老年综合征评估

评估项目	评估指标
常见老年综合征评估	疼痛评估
	尿失禁评估
	大便失禁评估
	多重用药评估

二、适老化环境的评估

适老化环境的评估包括居家适老化环境评估、社区适老化环境评估、养老机构适老化环境评估（表 1-5）。

表 1-5　适老化环境评估

评估项目	评估指标
适老化环境评估	居家适老化环境
	社区适老化环境
	养老机构适老化环境

第四节　养老机构入院评估的流程

老年人照护需求评估作为照护服务工作的第一步，能够帮助养老机构或政府将老年人进行准确的分类，为合理分配照护资源奠定基础。为保证评估的准确性、公平性、客观性，将由经过专业培训、获取评估资格认证的人员作为第三方评估师对老年人进行评估，确定其能力等级及照护等级。养老机构入院评估的流程如图 1-1 所示。

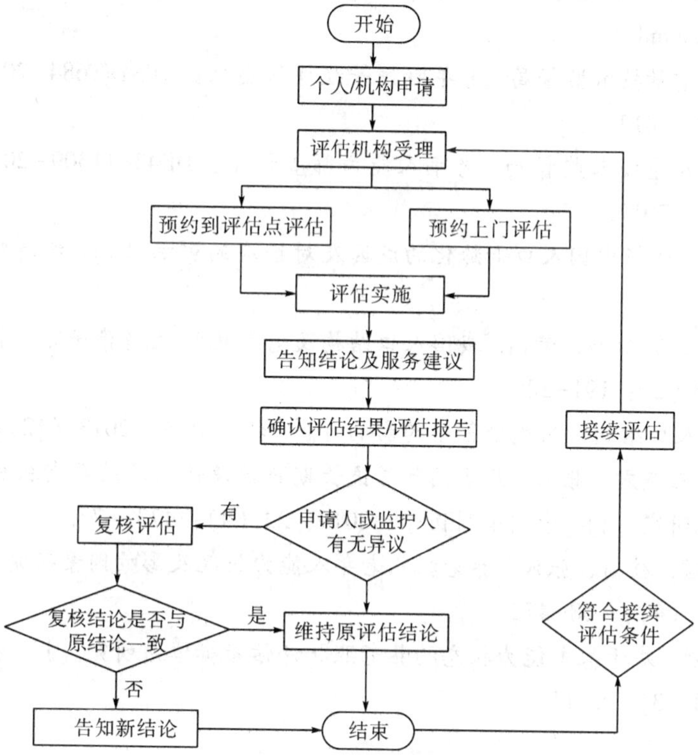

图 1-1　养老机构入院评估的流程

思考题

1. 简述我国人口老龄化的原因。
2. 人口老龄化、深度老龄化、超老龄化的概念是什么?
3. 简述养老机构入院评估的内容。
4. 简述养老机构入院评估的流程。

参考文献

[1] 田兰宁. 老年人能力评估基础操作指南 [M]. 北京: 中国社会出版社, 2016.

[2] 隋国辉. 养老评估师实务 [M]. 成都: 西南财经大学出版社, 2020.

[3] 中华人民共和国民政部. 老年人能力评估行业标准: MZ/T039-2013 [S/OL]. (2013-08-29) [2020-09-08]. http://www.mca.gov.cn/article/gk/wj/201805/20180500009037.shtml.

[4] 上海市质量技术监督局. 老年照护等级评估要求: DB31/T684-2013 [S]. 北京: 中国标准出版社, 2013.

[5] 湖南省质量技术监督局. 老年人能力筛查评估: DB43/T1309-2017 [S]. 北京: 中国标准出版社, 2017.

[6] 林懋谦. 浅析中国人口老龄化的成因及对经济的影响 [J]. 经济观察, 2020, 31 (11): 22-24.

[7] 倪宣明, 沈心如, 黄嵩. 我国人口结构及老龄化收敛趋势研究 [J]. 数理统计与管理, 2020, 39 (2): 191-205.

[8] 曾探. 人口结构对居民储蓄率的影响 [J]. 特区经济, 2013 (12): 95-96.

[9] 桂前, 王燕君, 张沁. 基于国际居民长期照护评估工具的养老机构不同能力等级老年人照护需求研究 [J]. 中国全科医学, 2019, 22 (4): 473-477.

[10] 王燕君, 桂前, 张沁. 养老机构老年人能力状况及影响因素研究 [J]. 中国全科医学, 2019, 22 (4): 468-472.

[11] 孙欣然. 基于基本能力状态的养老照护评估指标体系研究 [J]. 社会医学与卫生事业管理, 2018 (3): 5-11.

第二章　养老机构入院评估的基础知识

学习目标

1. 掌握养老机构入院评估的方法和注意事项
2. 熟悉评估场所和评估师的要求
3. 了解评估的总则、对象
4. 具有正确选择养老评估方法的能力

第一节　养老机构入院评估规范

一、评估总则

（1）自愿申请。老年人或监护人可自愿申请照护需求评估，并对申请材料的真实性、准确性负责。

（2）中立公正。养老服务提供方和监管方不得直接参与老年人照护需求评估。

（3）客观真实。评估对象应真实反映相关信息，评估人员应客观评估老年人的照护需求。

（4）科学规范。评估人员应遵照标准规定的评估参数和程序进行专业评判。

（5）严格保密。评估机构及评估人员应保护评估对象的个人隐私。未经评估对象或其法定监护人的许可，评估机构及评估人员不得对外透露评估对象的相关信息。

二、评估对象

评估对象为接受养老机构照护服务的老年人，包括但不限于：申请老年人护理补贴的人员、申请入住公办养老机构的人员、申请居家社区照护服务的人员、申请运营补贴资助的养老服务机构内收住的人员、其他需要评估的人员或主动申请评估的人员。

三、评估机构

（1）评估机构应是依法登记的企事业单位或社会组织，具有独立开展评估工作的专业人员、办公场所、设施设备，有条件安装统一的评估业务系统。

（2）评估机构不得同时承担依据评估结论而开展的服务工作，养老服务提供方和监管方不得直接参与老年人照护需求评估。

（3）评估机构应拥有执业（助理）医师、执业护士、康复治疗师、中级（助理）社会工作师、高级养老护理员。其中，执业（助理）医师应不少于 1 名、执业护士应不少于 1 名、中级（助理）社会工作师应不少于 1 名。

（4）评估机构应设有专门的评估室。

四、评估环境的要求

评估环境应安静、整洁、光线明亮、空气清新、温度适宜，能够保证老年人的安全。

五、评估场所的要求

评估场所在功能布局、色彩运用、无障碍设计和安全配套等方面，均有明确的标准和规范。

（1）评估室至少应有 3 把椅子、1 张诊桌、1 张诊疗床、测试用的台阶和坐便器、洗浴设备。台阶的级数为 4~5 级，台阶的踏步宽度不小于 30cm，踏步高度为 13~15cm，台阶有效宽度不应小于 90cm。

（2）评估室的地面应平整防滑，墙面阳角处应做安全防护处理，要求无障碍设计。室内色彩要柔和、温暖，灯光应柔和，避免强光刺激。

六、评估师的要求

（1）评估师应具有执业（助理）医师、执业护士、康复治疗师、中级（助理）社会工作师等相应执业资格，或高级养老护理员培训合格证书。

（2）评估师应具有良好的诚信记录，以及两年及以上养老行业相关的工作经历。

（3）评估师在上岗前应参加专业评估培训及考试，在考试合格后持证上岗。

（4）评估师应规范着装，佩戴有自己身份标识的证件；态度和蔼，使用礼貌用语。

（5）评估师在开展评估工作前应向有关方面申明利益相关性。

（6）评估时应使用统一的评估工具箱，工具箱清单见表 2-1。

表 2-1　老年人照护需求等级评估工具箱的工具清单

<table>
<tr><th>评估指标</th><th>评估工具</th></tr>
<tr><td>自理和活动能力</td><td rowspan="3">①碗　②筷子　③调羹　④杯子　⑤牙刷　⑥毛巾　⑦梳子　⑧剃须刀
⑨上衣　⑩裤子　⑪白纸　⑫笔　⑬视力测试用报纸　⑭放大镜　⑮老花镜
⑯助听器　⑰手表　⑱铅笔　⑲认知能力测试所需的带字（图）卡片　⑳其他</td></tr>
<tr><td>认知能力</td></tr>
<tr><td>感知觉与沟通能力</td></tr>
</table>

第二节　养老机构入院评估的方法和注意事项

一、评估的方法

评估师在实施养老服务需求评估时，常用的评估方法是“望、闻、问、测”。

望：即观察法，是指评估师根据一定的目的，用自己的感官和辅助工具去直接观察被评估对象，从而获得资料的一种方法。“望”主要用于老年人基本能力评估、疾病状况评估、心理状况评估、社会评估等。

闻：即利用嗅觉来发现老年人的身体、口腔等处的异味。

问：即访谈法，是指评估师通过和被评估者面对面地交谈来了解老年人的心理和行为的一种方法，主要是询问当事人或其他家属及主要照顾者。

测：即测试，如进食、洗漱、站立、转移、行走及体征数据测量等。

同时，对于老年人的疾病情况，评估师还可以采取查找方式进行评估。“查找”主要是查找相关病例、临床检验检查报告等。

在对每一项指标进行评估时，评估师可综合使用以上方法。例如，在老年人进食时，评估师可综合利用望、问、测等方法，准确地判断老年人进食的情况。

二、评估的注意事项

案例分析

2020 年 9 月 15 日，86 岁的王婆婆准备入住阳光养老院。评估师小李对王婆婆进行了入院评估，评估场景如下：

评估师小李穿戴好服装和工作牌，并准备好评估辅助工具在机构的评估室对王婆婆实施评估。小李很细心，在评估前对评估室的环境进行了全面检查，并调整评估室的温度和湿度，确保王婆婆的安全和舒适。

王婆婆在家属的陪伴下走到评估室。小李看见王婆婆，便微笑着和王婆婆打招呼，夸王婆婆身体还不错，气色很好，王婆婆听到小李的赞美，开心极了。然后小李还询问王婆婆平常喜不喜欢打麻将。王婆婆听到打麻将，握着小李的手，笑着说："我就是喜欢打麻将，但是现在陪我打麻将的人越来越少了。"

为了保证评估结果的准确性和家属的配合，小李向王婆婆和其家属出示了自己的证件，在说明评估的目的后，便开始评估了。

评估时，小李根据机构的评估项目依次对老年人实施评估，在确保王婆婆安全的前提下，小李让王婆婆自己完成评估项目（比如进食、穿衣、洗漱）。王婆婆配合得很好，小李发现王婆婆能自己进食，但是穿衣服有点困难。但是评估完三个项目后，王婆婆的新鲜感过去了，觉得评估很麻烦，就不太配合小李了。小李见王婆婆不太配合，也没有勉强她，就通过询问的方式和王婆婆的家属进行交流，询问王婆婆是否能自主进食、洗漱、穿衣、大小便、洗澡、床椅转移以及她的认知、视力和听力情况。所有的评估项目都是通过询问家属的方式获取信息，家属告知小李："王婆婆身体还是不错的，衣、食、住、行都没问题，送到养老院来，主要是想增加老年人的社交和娱乐活动。"

家属的配合度很高，小李的评估很顺利，大约一个小时的时间，评估结束了。小李根据家属给出的信息当场就撰写了评估结果，并将结果告诉给王婆婆及家属，让其确认签字，因为王婆婆和家属都不会写字，小李就代他们签字。

评估完后，老年人和家属对评估结果都很满意。评估师小李将评估结果提交到护理部，护理部根据评估结果对老年人实施照护。

请根据以上场景描述，简述评估师小李在评估时存在的问题。

评估的注意事项可以分为评估前的注意事项、评估时的注意事项和评估后的注意事项。

（一）评估前的注意事项

（1）评估师必须向老年人、陪同人员出示评估师证，并说明此次评估的目的，以取得老年人和家属的配合。

（2）评估师必须仔细检查评估辅助工具及评估场所的环境，确保安全无误。

（二）评估时的注意事项

（1）在保证老年人安全的前提下，评估师应该尽可能让老年人当场自主完成评估项目，如上下楼梯、床椅转移等动作。若条件不允许老年人当场示范评估动作或评估师根据经验认为老年人当场示范动作与平常实际情况有出入时，评估师需要写明实际情况、判断原因。

（2）在条件允许的情况下，评估师应该尽可能分别与老年人、其主要照护者、家属进行沟通交流。在特殊情况下，评估师可进行多次访谈。同时，评估师可与每个人私下沟通，避免当着多人讨论。如果对于同一个问题，老年人、其主要照顾者和家属的答案不一致，评估师需要根据常识和经验进行综合判断并得出结论。

（3）在评估时，评估师应该尽可能注意不同指标前后之间的逻辑关系。老年人能自己独立完成洗澡全过程，则评分为 5 分；若老年人说需要他人帮助，则评分为 0 分。在两项指标相矛盾时，评估师应根据实际情况进行重新确认，以确保评估结果的准确性和有效性。

（4）若评估的分值为界限值，两名评估师要进行复评。例如，日常生活自理能力评分为 45 分，此分值介于中度受损和重度受损的界限值。日常生活自理能力的等级对最终老年人失能等级起决定性作用。中度受损和重度受损对于老年人的照护计划和政府补贴都是不同的，所以评估师要进行复评。

（5）谈话用词礼貌得体，声音洪亮，发音清晰，使用老年人容易理解的词语进行询问；尽可能做到不使用专业用词、缩略词，如避免使用“现住地”等书面用词，可换为“您能告诉我您现在住哪里吗”。

（6）老年人作答语速较慢，评估师应做到不催促、不强迫、不诱导，耐心倾听。

（7）评估师可根据实际情况决定评估项目的询问顺序，不一定按照评估表顺序进行询问。例如，与老年人见面时，评估师可先询问：“您今天感觉怎么样？最近身体情况如何？您平时一天都做些什么？”评估师可以通过这些开场白拉近与老年人的距离，同时也可初步判断老年人的认知。

（8）若遇到老年人无理由不配合评估工作，评估师可先与老年人所在地的社区进行沟通，视情况做出调整。

（三）评估后的注意事项

（1）重点查看评估中出现逻辑问题的项目，保证不因为主观错误而导致客观错误。

（2）就评估项目存在疑问的地方，评估师应该再次与老年人、陪同人员进行沟通确认，确保评估结果符合老年人的真实能力水平。

（3）所有评估项目都完成且结果准确无误后，两名评估师、老年人及其陪同人员也需要签名确认。老年人如果不会写字，可用按手印的方式代替。

（4）评估后，若发现老年人有噎食、走失、自杀、跌倒等风险时，评估师要告知家人或照护人加强防范意识，避免发生意外。

思考题

1. 简述养老机构入院评估的方法。
2. 简述养老机构入院评估的注意事项。

参考文献

[1] 田兰宁. 老年人能力评估基础操作指南 [M]. 北京：中国社会出版社，2016.

[2] 隋国辉. 养老评估师实务 [M]. 成都：西南财经大学出版社，2020.

[3] 上海市质量技术监督局. 老年照护等级评估要求：DB31/T684-2013 [S]. 北京：中国标准出版社，2013.

[4] 湖南省质量技术监督局. 老年人能力筛查评估：DB43/T1309-2017 [S]. 北京：中国标准出版社，2017.

[5] 李玮彤，徐桂花. 老年人照护需求综合评估研究现状及进展 [J]. 中国全科医学，2018，21 (27)：3290-3295.

第三章　老年人基本信息采集

学习目标

1. 掌握老年人基本信息表包含的内容和填写说明
2. 熟悉老年人基本信息表填写的注意事项
3. 了解老年人基本信息表填写的目的、意义
4. 具有准确采集老年人基本信息的能力

案例分析

吴伟成，男，83 岁，因视力残疾二级入住阳光养老机构，是入住该机构的第 35 位老年人。机构评估师小王（代码 016）于 2019 年 10 月 15 日对吴伟成进行基本信息采集。吴伟成的基本信息如下：

吴伟成育有一儿一女，出生于 1936 年，籍贯是四川省西昌市，居住在四川省西昌市东城街道弘扬社区，彝族。其老伴于 2018 年 7 月去世，在入住阳光养老机构前，吴伟成与儿子同住。吴伟成曾经是一名铁路工作者，现在的主要收入是自己的退休金，每个月大概 8 000 元。吴伟成有城镇职工基本医疗保险，所以晚年的医疗费用的自费金额很少。吴伟成无传染病史和预防接种史、输血史，但是因为冠心病做过手术，在手术时进行血型鉴定是 B 型血，对花粉和青霉素过敏。

两个月前，吴伟成因流行性感冒住院，半个月前在家里摔倒过两次。因为儿子和儿媳都在上班，吴伟成暂无人照顾，所以儿子和儿媳想把吴伟成送入养老机构进行照护。

请根据以上信息，填写老年人基本信息表。

第一节　老年人基本信息采集的方法和内容

老年人基本信息采集即健康档案的建立，是养老机构实施老年人评估的第一步，也是很关键的评估阶段。通过基本信息的采集了解老年人的基本资料及健康信息，既是养老评估师制定评估方案的依据，又是养老机构经营时规避风险的原始资料。

一、老年人基本信息采集的方法

老年人基本信息采集的主要方法是“问”，即访谈法。访谈法是评估师与老年人及有关人员进行交谈、询问，以获取其基本信息的方法。

（一）访谈法的重要性

访谈法是评估师与被评估者进行的一种具有明确目标的、有序的对话过程，成功的访谈是确保基本资料完整性和准确性的关键。其重要性表现在：①访谈是获取照护依据的重要手段；②访谈是了解被评估者健康状况及照护需求的主要方法；③访谈可为进一步评估提供线索，例如，被评估者出现咳嗽、咯血等症状，同时伴有午后低热、盗汗，则可提示为肺结核。

（二）访谈法的方法与技巧

访谈法的方法与技巧是获取完整的基本信息、建立准确的健康档案的基础。这涉及沟通交流技能、医学知识、仪表礼节等方面。总之，行之有效的询问方法与技巧，对评估师开展评估工作有着重要的实用价值。

询问的方法与技巧主要体现在以下几个方面：

（1）营造轻松舒适的环境。

（2）多从简单、易回答的问题开始进行评估。

（3）评估师的态度要诚恳友善。

（4）避免重复询问。评估师在询问老年人时要注意系统性、目的性和必要性，避免出现杂乱无章的询问。

（5）评估师应尽量用通俗易懂的语言，避免使用有特定意义的医学术语。

（6）及时核对有疑问的情况。

（7）根据实际情况，采取封闭式提问方法或开放式提问方法。

（8）合理运用肢体语言，如眼神交流、抚摸、轻拍肩膀等。

（9）巧用过渡性语言。评估师可以适时使用过渡性语言，使老年人在交谈过程中有参与感，使老年人感受到评估过程的条理性以及严谨性。

（10）适时回归主题。对于一些健谈的老年人，评估师要适时地将主题切回到评估中。

（11）分析与综合。评估师要不断思考、分析、归纳病人所陈述的信息的内在联系，分清主次、去伪存真。

二、老年人基本信息采集的内容

老年人的基本信息表包括评估基本信息表和评估对象基本信息表。

（一）评估基本信息表

评估基本信息表包括评估编号、评估日期、评估原因。

1. 评估编号

评估编号是指评估工作执行单位内部评估记录的代码，每条评估记录有且只有 1 个相对应的评估编码。评估编号包括评估单位代码、评估时间、评估师编号、顺编号。

评估单位代码：养老机构为“J”，社区为“S”，第三方评估机构为“T”，其他为“Q”。

评估时间：是指评估当天的时间，用 4 位阿拉伯数字表示年，2 位阿拉伯数字表示月和日，如 20151212。

评估师编号：由 3 位阿拉伯数字表示，如 15 号评估师的编号为 015。

顺编号：由 3 位阿拉伯数字表示，如第 121 位老年人的编号为 121。

2. 评估日期

评估日期是指实施评估当日的公元纪年日期。其中，年份用 4 位数字表示，月和日用 2 位数字表示，如 2018 年 04 月 15 日。

3. 评估原因

评估原因是指被评估者实施评估的原因，包括首次评估、复核评估、接续评估、动态评估。

首次评估是指被评估者入住特定养老服务机构并接受服务前的评估。

复核评估是指因评估结果有疑问时进行的评估。

接续评估是指被评估者入住特定养老机构后，每半年进行的一次评估。

动态评估是指状况发生后的即时评估，即被评估者本人或家属、照护人察觉到老年人身心状态有任何异样或老年人出现突发事件时的评估。

（二）评估对象基本信息表

1. 一般资料

一般资料包括姓名、性别、年龄、民族、出生地、职业、文化程度、宗教信仰、政治面貌、紧急联系人等。性别、年龄、职业等可为某些疾病和生活习惯的评估提供有用的信息。文化程度、宗教信仰等有助于了解老年人对生活、健康的态度及价值观。同时，文化程度可以作为后续评估老年人认知能力的基础信息。

2. 健康信息

健康信息包括老年人的残疾情况、病史情况、住院情况、护理服务、意外事件等。健康信息可以为疾病状况评估、风险评估提供有效信息，同时也可为照护计划的制订提供有效的信息。

第二节　老年人基本信息采集的步骤和注意事项

一、老年人基本信息表

表 3-1 为老年人基本信息表。

表 3-1　老年人基本信息表

评估基本信息表					
评估编号					
评估日期	年　月　日				
评估原因	1. 首次评估 □ 2. 复核评估 □ 3. 接续/动态评估 □				
评估对象基本信息表					
姓名		性别	□男　□女	联系电话	
民族	□汉族 □少数民族______			出生年月	______年____月____日
婚姻状况	□未婚 □已婚 □丧偶 □离异			子女情况（含养子女）	□____子____女　□无
身份证号				社保类别	□职工　□居民
社保卡号				政治面貌	□党员　□民主党派 □群众
籍　贯	________省________市			宗教信仰	□无　□有__________
户籍地址	______省______市__________区/县__________街道（乡镇）__________社区（村）				
居住地址	______省______市__________区/县__________街道（乡镇）__________社区（村） ____________路/街________号__________楼				
通信地址	□同上 □______省______市__________区/县__________街道（乡镇）__________社区（村） ____________路/街________号__________楼				

表3-1(续)

现居住状况（多选）	□独居 □与配偶（伴侣）居住　□与子女居住　□与父母居住　□与兄弟姐妹居住 □与其他亲属居住 □养老机构______________
现住场所	□自有产权房、私房等　□各类租赁房等　□农村敬老院　□养老院或类似机构
文化程度	□文盲 □小学 □初中 □高中 □技校 □职高 □中专 □大专 □本科 □硕士（及以上）
原职业类别	□政府机关人员 □事业单位人员 □企业职工 □个体户 □农民 □自由职业 □无业 □其他__________
收入来源	□机关事业单位离退休金 □城镇职工养老保险金 □城乡居民养老保险 □供养人员补贴 □低保金 □子女赡养/补贴 □亲友资助 □其他__________
养老金收入	__________ 元/月
是否持有残疾证？	□否 □是，残疾类别：______残疾，残疾等级：______级（残疾类别共分为七类：视力残疾、听力残疾、言语残疾、肢体残疾、智力残疾、精神残疾及多重残疾。各类残疾按残疾程度分为四级，即残疾一级、残疾二级、残疾三级和残疾四级。）
医疗类别	□城镇职工基本医疗保险 □城镇居民基本医疗保险 □新型农村合作医疗保险 □贫困救助 □商业医疗保险 □全公费 □全自费 □其他__________
病史情况	传染病史：□无 □有，__________ 预防接种史：□无 □有，__________ 手术/外伤史：□无 □有，__________ 输血史：□无 □有，__________ 血型：__________ Rh 因子：□阴性　□阳性 过敏史：□无 □有，过敏食物__________ 过敏药物__________
最近 3 个月是否有住院记录？（含急诊）	□无 □有，原因为______________
近 30 天内意外事件	跌倒：□无　□发生过 1 次　□发生过 2 次　□发生过 3 次及以上
	走失：□无　□发生过 1 次　□发生过 2 次　□发生过 3 次及以上
	噎食：□无　□发生过 1 次　□发生过 2 次　□发生过 3 次及以上
	自杀：□无　□发生过 1 次　□发生过 2 次　□发生过 3 次及以上
	其他：__________
最近 7 天是否接受过医疗护理服务？	□是　□否

表3-1（续）

目前是否有照顾/照护人员？	□无 □有，照顾/照护人员与申请者关系＿＿＿＿＿＿
监护人、主要照顾人及紧急联系人信息	监护人： 姓　名：＿＿＿＿＿ 身份证号码：＿＿＿＿＿＿ 联系电话：＿＿＿＿＿＿ 与申请者的关系或身份：□配偶 □子女 □亲属 □民政 通信地址：＿＿＿＿＿＿＿＿＿＿
	主要照顾人： 姓　名：＿＿＿＿＿ 身份证号码：＿＿＿＿＿＿ 联系电话：＿＿＿＿＿＿ 与申请者的关系或身份：□配偶 □子女 □亲属 □雇佣照顾者 □民政 通信地址：＿＿＿＿＿＿＿＿＿＿
	紧急联系人： 姓　名：＿＿＿＿＿ 身份证号码：＿＿＿＿＿＿ 联系电话：＿＿＿＿＿＿ 与申请者的关系或身份：□配偶 □子女 □亲属 □雇佣照顾者 □民政 通信地址：＿＿＿＿＿＿＿＿＿＿

二、老年人基本信息采集的步骤

老年人基本信息采集的步骤分别为提交体检报告及住院检查结果、提交身份证复印件或户口本复印件、填写老年人基本信息表。

（一）提交体检报告及住院检查结果

根据个人的健康基本情况，评估师告知老年人需要提交二级甲等医院及以上的体检报告（体检项目如表 3-2 所示）或住院检查结果。需要注意的是，体检报告应是近一个月内的。

表 3-2　体检项目

体检项目	项目筛查	备注（强调注意事项及核心内容）
一般检查（身高、体重、血压、空腹血糖、生命体征）		
血常规 9 项		
尿常规		
大便常规		
肝功常规（乙肝两对半、胆红素三项）		
肾功三项		

表3-2(续)

体检项目	项目筛查	备注（强调注意事项及核心内容）
类风湿因子		
血脂两项		
心电图		
心脏彩超		
胸部 CT/胸透		
B 超检查（肝、胆、胰、双肾、膀胱）		
心脏、颈部动脉彩超		
外科常规（男性：前列腺）		
内科常规		
骨密度		
其他		

（二）提交身份证复印件或户口本复印件

评估师需告知老年人或其家属提供被评估者的身份证原件及复印件、户口本原件及复印件。

（三）填写老年人基本信息表

结合老年人提交的体检报告和身份证或户口本相关资料，评估师填写老年人基本信息表（老年人的姓名、年龄、性别、出生日期、身份证号、家庭地址、健康状况等）。对于不能通过提交的相关资料获取的信息，评估师可以询问老年人及其家属。

三、老年人基本信息采集的注意事项

采集老年人基本信息时，除非特别提示，表 3-2 提供的情况为老年人填表前一周内的实际情况。老年人基本信息采集的注意事项主要包括以下几点：

（1）基本信息中的姓名、评估编号、身份证号、社保卡号、紧急联系人信息务必准确。

（2）老年人基本信息必须与身份证上的信息保持一致，姓名需要用汉字正楷书写。

（3）出生年月的年份用 4 位数字填写，月、日用 2 位数字填写。如果月、日为个位数字，我们需要在前面加“0”，例如，1930 年 09 月 04 日。

（4）若老年人为孤寡老年人，则监护人、主要照顾者、紧急联系人栏填写街道、社区等单位负责人的姓名。原则上，该栏不能填写保姆、护工等雇佣的家庭外部成员的姓名。

思考题

1. 简述老年人基本信息采集的内容。
2. 简述老年人基本信息采集的步骤及注意事项。
3. 简述老年人基本信息采集的方法。

参考文献

[1] 田兰宁. 老年人能力评估基础操作指南 [M]. 北京：中国社会出版社，2016.

[2] 隋国辉. 养老评估师实务 [M]. 成都：西南财经大学出版社，2020.

[3] 段朝艳. 健康评估会谈实训环节设计 [J]. 母婴世界，2017（23）：226-227.

[4] 巨梅. 护士对健康史评估的方法与技巧 [A]. 甘肃省中医药学会. 甘肃省中医药学会2010年会员代表大会暨学术年会论文汇编 [C]. 甘肃省中医药学会：甘肃省中医药学会，2010：2

[5] 刘成玉. 健康评估 [M]. 北京：人民卫生出版社，2014：56-15.

[6] 上海市质量技术监督局. 老年照护等级评估要求：DB31/T684-2013 [S]. 北京：中国标准出版社，2013.

[7] 湖南省质量技术监督局. 老年人能力筛查评估：DB43/T1309-2017 [S]. 北京：中国标准出版社，2017.

第四章　老年人基本能力等级评估

学习目标

1. 掌握日常生活自理能力、工具性生活自理能力的评估内容和方法
2. 掌握认知能力和感知觉沟通能力的评估内容和方法
3. 掌握老年人基本能力等级报告的填写及分析
4. 熟悉各量表评估的注意事项
5. 熟悉老年人基本能力障碍的康复指导
6. 了解基本能力评估的目的和意义
7. 了解不同等级老年人养老服务的内容
8. 具有正确使用日常生活自理能力评估表、工具性生活自理能力评估表、认知能力评估表、感知觉与沟通能力评估表的能力
9. 具有正确划分老年人基本能力等级的能力

案例分析

张某，男，78岁，退休工人，因身体原因入住阳光养老机构。刚开始进食时，张某都需要照护人员提示和喂食，之后才可以正常进食。张某可以自己洗脸、梳头，但他在刷牙过程中需要护理员帮忙挤牙膏。若使用加长手柄的洗澡刷，张某能自己独立洗澡，但是不能很好地调节水温。张某虽能够自己穿裤子，但系纽扣和鞋带还需要别人的帮助。家人为了方便，将其衣服都换成带拉锁的，将其鞋子换成“一脚蹬”的鞋子，这样张某便可自己穿衣服和鞋子。张某在大便时能自控，在小便时需要护理员提示。张某能够自行上厕所，但下蹲时需要别人帮助。张某能够自行完成床椅转移，但基于安全考虑，必须要有家人监护。张某能够自行扶墙或使用拐杖步行200余米。在扶扶手及他人搀扶的情况下，张某能自行上下10层楼梯。

请根据日常生活自理能力评估表，完成张某的日常生活自理能力评估。

老年人基本能力等级评估包括自理和活动能力评估（日常生活自理能力评估、工具性生活自理能力评估）、认知能力评估、感知觉与沟通能力评估。其中，老年人基本能力等级评估以自理和活动能力评估为核心指标。

第一节　自理和活动能力评估

自理和活动能力评估是进行老年人综合评估的重点，主要包括日常生活自理能力评估、工具性生活自理能力评估。本节将重点介绍日常生活自理能力评估。

一、日常生活自理能力评估

日常生活自理能力是指人们为了维持基本生活需要的自我照顾能力和最基本的自理能力，即进食、洗澡、修饰、穿衣、大便控制、小便控制、如厕、床椅转移、平地行走、上下楼梯等能力。

（一）日常生活自理能力评估的方法

日常生活自理能力评估的准确与否关系到评估等级的划定、收费及照护计划的制订，甚至会影响老年人的情绪。因此，为了更加准确、客观地评估老年人的状态，我们需要采用标准化的评估方法。其评估方法主要包括测、望、问。

（1）测，即直接测量法。评估师直接通过测试的方法，让老年人自主完成评估项目。在测试过程中，评估师要观察老年人的实际操作能力。该方法的优点是能够比较客观地反映老年人的实际情况，但其缺点是费时、费力，老年人的配合度不高。

（2）问，即间接评估法。该方法通过询问的方式进行了解与评估。当老年人无法自主完成评估项目时，评估师可从其家属处获取老年人完成活动的信息。该方法的优点是简单、快捷，但其缺点是缺乏可信性，所以，该方法主要用于一些不能直接观察或演示的动作评估。在老年人的躯体评估中，这两种方法通常是结合起来应用的。

（二）日常生活自理能力评估的工具

日常生活自理能力评估的工具包括评估用的辅助用具和日常生活自理能力评估表。

1. 评估用的辅助用具

日常生活自理能力评估的10项指标，都是在使用辅助用具的情况下测试老年人的实际能力。因此日常生活自理能力的评估，会用到很多辅助用具，常用的评估辅助用具如表4-1所示。

表 4-1　评估用的辅助用具

评估指标	辅助用具
日常生活自理能力	（1）进食自助具：弹性筷子，把手加粗、加长的叉、匙，弯曲成角的匙、叉，带负压吸盘的碗、U 型夹、持杯器等 （2）梳洗自助具：加粗、加长手柄的牙刷、梳子、剃须刀夹持器、长柄洗澡刷、洗澡椅、防滑垫等 （3）更衣自助具：穿衣钩、系扣器、穿袜器、长柄鞋拔等 （4）如厕自助具：轮椅式便池、加高坐便器、尿壶、便盆、全自动便器等 （5）轮椅、助行器（手杖、助行架）、移位机等

2. 日常生活自理能力评估表

表 4-2 为日常生活自理能力评估表。

表 4-2　日常生活自理能力评估表

进食： 是指用合适的餐具将食物由容器送到口中、咀嚼、吞咽等过程	□分	10 分，可独立进食（在合理的时间内独立进食）
		5 分，需部分帮助（在进食过程中需要一定帮助，如协助把持餐具）
		0 分，需极大帮助或完全依赖他人才能进食，或有留置胃管
洗澡	□分	5 分，准备好洗澡水后，可自己独立洗澡
		0 分，在洗澡过程中需他人帮助
修饰： 是指洗脸、刷牙、梳头、刮脸等	□分	5 分，可自己独立完成
		0 分，需他人帮助
穿衣： 是指穿脱衣服、系扣、拉拉链、穿脱鞋袜、系鞋带	□分	10 分，可独立完成
		5 分，需部分帮助（能自己穿脱衣物，但需他人帮助整理衣物、系扣/鞋带、拉拉链）
		0 分，需极大帮助或完全依赖他人
大便控制	□分	10 分，可控制大便
		5 分，偶尔失控（每周<1 次），或需要他人提示
		0 分，完全失控
小便控制	□分	10 分，可控制小便
		5 分，偶尔失控（每天<1 次，但每周>1 次），或需要他人提示
		0 分，完全失控，或有留置导尿管

表4-2(续)

如厕： 包括去厕所、解开衣裤、擦净、整理衣裤、冲水	□分	10分，可独立完成
		5分，需部分帮助（需他人搀扶去厕所、需他人帮忙冲水或整理衣裤等）
		0分，需极大帮助或完全依赖他人
床椅转移	□分	15分，可独立完成
		10分，需部分帮助（需他人搀扶或使用拐杖）
		5分，需极大帮助（较大程度上依赖他人搀扶和帮助）
		0分，完全依赖他人
平地行走	□分	15分，可独立在平地上行走45米
		10分，需部分帮助（因肢体残疾、平衡能力差、过度虚弱、视力等问题，在一定程度上需他人搀扶或使用拐杖、助行器等辅助用具）
		5分，需极大帮助（因肢体残疾、平衡能力差、过度虚弱、视力等问题，在较大程度上依赖他人搀扶，或坐在轮椅上自行移动）
		0分，完全依赖他人
上下楼梯	□分	10分，可独立上下楼梯（连续上下10~15个台阶）
		5分，需部分帮助（需扶着楼梯、他人搀扶，或使用拐杖等）
		0分，需极大帮助或完全依赖他人
日常生活自理能力总分	□分	上述10项指标之和
日常生活自理能力分级	□级	0 能力完好：总分100分 1 轻度受损：总分61~99分 2 中度受损：总分41~60分 3 重度受损：总分≤40分

3. 日常生活自理能力评估操作说明

（1）评估重点

①以最近一个月的表现为主。

②有不会做、不愿意做或有别人帮着做的情形，不能算作老年人没有能力；评估师务必了解清楚老年人的实际能力。

③老年人虽有能力完成某个项目，但因智力障碍或严重忧郁，可能在做某个动作时需要有人提醒或协助，那么，老年人完成这个项目仍属于协助完成。

④评估师应在老年人使用辅助用具下评估老年人的实际能力。

⑤在评估时，老年人应该自己回答问题；若老年人无法回答，评估师可通过询问家属或照顾者进行间接评定。

（2）指标解析

①进食。

进食是指老年人准确使用合适的餐具，将食物从桌上或托盘中送入口中、咀嚼、吞咽的行为。

进食的评估范围包括以下两项：

a. 用筷子、勺子或叉子取食物，对碗、碟的把持，喝水等。

b. 食物由他人做好、端来，甚至将饭菜弄细、碎、调成糊状，均不在评估范围内。

进食的评估场景包括以下三项：

a. 可选择用餐时间观察老年人的进食情况，主要观察老年人吃的过程、如何进食、拿筷子汤勺能力等。

b. 观察老年人其他的行为，例如，在非吃饭时间，观察老年人能否拿取其他物件，评估师便可推测老年人能否好好使用餐具。

c. 询问照护者，老年人进食的主要的困难是什么，需要给予老年人什么帮助。

进食的评估注意事项包括以下五点：

a. 对于有认知症老年人，若其吃过饭又忘记了，或要用其他方式逼迫吃饭（不正常吃、过度进食），则判定为“5 分：需部分帮助”。

b. 老年人进食无需他人帮助。老年人在刚开始吃饭时需要照护人员喂食。之后，老年人可正常进食。根据一天当中喂食的频率及数量，评估师可将这种情况判定为“10 分：可独立进食”。

c. 老年人可以独立进食，但因为食欲不振或其他原因，吃过之后会全吐出来。这些老年人可以进食但完全无法吸收，这种情况应判定为“10 分：可独立进食”。

d. 老年人无法独立完成进食，同时对进食服务有抵抗，时常拒绝喂食，虽然没有提供进食服务评估项目，但根据老年人实际身心情况，可根据实际照护情况进行判定。

e. 若老年人在进食过程中出现频繁呛咳，评估师需进行吞咽功能的评估，评估结果纳入老年人照护等级。

进食的选项说明如下。

第一种情况：10 分（可独立进食）

a. 评估师将食物放在老年人能够拿到的地方，约在 30 分钟内无他人任何帮助的情况下，老年人能独立完成进食，或开始吃饭时需有人引导，之后可以自己进食。

b. 无需人帮助，老年人可以使用辅助工具自助完成进食。

c. 即使有洒掉或漏出的食物，老年人也能自己收拾且洒、漏部分不超过 30%。

第二种情况：5 分（需部分帮助）

a. 需要有人引导、提示动作才能完成。

b. 在穿脱辅助工具、餐具的把持、移动时需要帮助。

c. 需要有人协助剥皮、去鱼刺、切食物、开盖、置换餐具、将食物放在勺子上。

第三种情况：0分（需极大帮助或完全依赖）

a. 需他人喂食且仍无法在30分钟内完成进食。

b. 需要医护人员通过留置营养管、注射营养液替代进食。

c. 完全由他人喂食。

常用的进食辅具如图4-1所示。

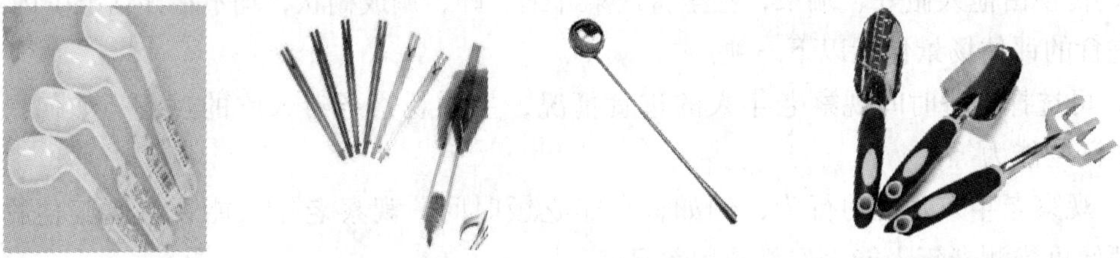

弯柄勺、成角勺　　加装弹簧的筷子　　加长把的叉、匙　　加粗把手的叉、匙

图4-1　常用的进食辅具

②洗澡。

洗澡是指准备好热水、必要物品后，用手、毛巾、浴球或洗浴辅具（长柄海绵刷、长柄洗脚刷）等工具，涂上香皂或沐浴露等沐浴用品后，擦拭、洗净全身的行为。

洗澡的评估范围包括以下三点：

a. 备水及水温调整、准备沐浴用品及衣物、沐浴用品涂抹后擦洗身体等，如能否自己调整水温、能否使用肥皂或沐浴露，能否把泡泡冲洗干净，能否擦洗身体。

b. 洗澡环境优劣、洗澡方式（盆浴、淋浴、擦澡），不在评估范围内。

c. 穿脱衣服、移动、搓背（视老年人须要，无则免），不在评估范围内。

洗澡的评估场景包括以下五点：

a. 询问老年人的疾病史，例如，中风一侧偏瘫的老年人可能就需要协助。

b. 询问老年人是否能洗到背、头、脚趾头。有的老年人会跟你说他洗不到背，其实只要老年人将手搭到对侧肩，就可搭配澡巾等工具洗到背，这样就不扣分（可先观察老年人的能力）。

c. 老年人有时会说自己可以洗。评估师可从以下几个方面观察老年人：是否有异味、是否有头皮屑、手是否干净、指甲是否整洁、耳后有无污垢。

d. 如果老年人说自己不能洗澡，则询问其不能洗澡的原因。如果老年人无法弯腰而不能洗澡，评估师可询问老年人是否能坐着洗澡；如果老年人能坐着洗澡，则视为独立完成。

e. 评估师可挑选老年人洗澡的时间观察老年人洗澡情形（与老年人协商好），主要观察老年人准备必要物品后能否擦拭、洗净全身。

洗澡的评估注意事项包括以下两点：

a. 老年人可以自己洗澡但其动作十分吃力，且不愿意让他人帮忙。在这种情况下，老年人需要护理员照护，则判定为“0分：需要他人帮助”。

b. 有的老年人患有重度痴呆，虽然在清醒时可以自己用毛巾洗净身体，但是如果在洗澡过程中发病，就会失去洗澡能力。这时，老年人就需要护理员帮助，所以判定为“0分：需要他人帮助”。

洗澡的选项说明如下：

第一种情况：5分（可独立洗澡）

a. 能独自完成洗澡定义中的全过程，即能洗身体、洗头及洗后处理。

b. 不需要他人帮助，可使用扶手、靠背、座椅及辅助工具，自助完成洗澡动作（手柄加长的洗澡刷）。

第二种情况：0分（需他人帮助）

a. 老年人自认为能洗净全身或只能洗净身体某些部位的，需护理员重新再洗的。

b. 老年人需要护理员帮助才能洗净身体某些部位。

c. 老年人需要必要的口头指示、引导或监护才能完成洗澡。

常用的洗澡辅具如图4-2所示。

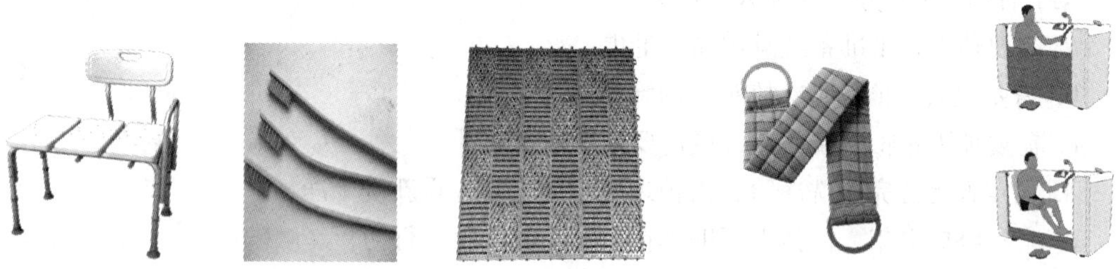

图4-2　常用的洗澡辅具

③修饰。

修饰是指在48小时内的洗漱情况，包括洗脸、梳头、刷牙、刮脸等行为。

修饰的评估范围包括以下六点：

a. 洗脸：包括准确使用毛巾，开关水龙头，打湿毛巾洗脸并擦干，确认有无沾湿衣服等一系列动作。

b. 刷牙：包括准备牙刷、漱口水、挤牙膏、刷牙、漱口等一系列动作。若使用假牙，则还包括脱装假牙的动作和清洁假牙。

c. 梳头：包括准备梳子、梳头等一系列动作。

d. 刮脸：包括准备剃须刀、完成刮脸并清洁等一系列动作。

e. 移动、清洁台面不在评估范围内。

f. 剪指甲不在评估范围内。

修饰的评估场景主要包括以下三点：

a. 通过观察老年人的面容情况或询问完成情况，评估老年人的修饰能力。例如，若老年人的脸脏了，评估师就可以问：您的脸怎么脏脏的？您是忘记洗脸了吗？若已洗脸则表明老年人不具备将脸洗净的能力。

b. 评估师在评估中需分辨老年人是会做却不想做，还是真的不会做。

c. 评估师可挑选老年人起床的时间观察老年人洗漱情形，主要观察老年人洗脸、刷牙、梳头、刮脸等情况。

修饰的评估注意事项包括以下两点：

a. 老年人有能力完成修饰，但如果需要护理员的帮助与提示，则判定为“0 分”。

b. 有的老年人没有头发，若仍需护理员帮忙擦拭头部，则判定为“0 分”。

修饰的选项说明如下：

第一种情况：5 分（可独立完成）

a. 能独自完成洗脸、梳头、刷牙、刮脸的全过程。

b. 可使用辅助工具完成洗漱动作（手柄加长或弯曲成角的梳子）。

第二种情况：0 分（需他人帮助）

a. 需要他人帮忙准备洗漱用品、毛巾。

b. 需要他人帮忙洗脸、梳头、刮脸等。

c. 需要他人帮忙摘戴假牙，或需要帮助清洗假牙。

d. 老年人无法完全洗净脸，需护理员帮助老年人重新洗干净。

e. 常年卧床老年人需他人帮助其在床上完成洗脸等行为。

常用的修饰辅具如图 4-3 所示。

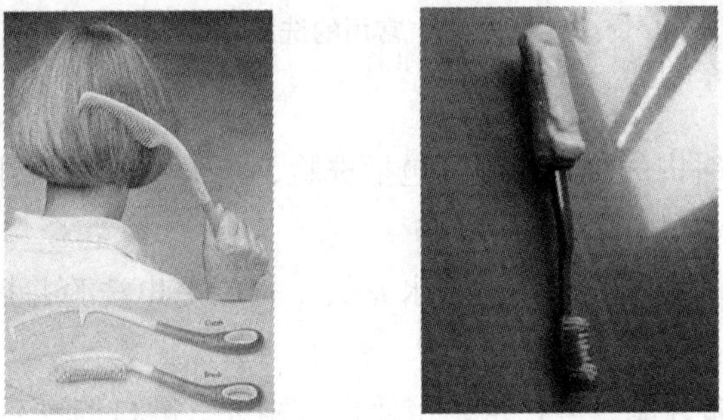

长梳子　　加粗的牙刷

图 4-3　常用的修饰辅具

④穿衣。

穿衣包括穿脱平常的上身衣物和下身衣物，包括内外衣、假肢或矫形器（视老年人情况）。

穿衣的评估范围包括以下两点：

a. 穿脱衣服、套袖子、套裤腿、上提裤裙、系扣、拉拉链、穿脱鞋袜、系鞋带等一系列动作。

b. 挑选、搭配衣服、传递衣物等动作不在评估范围内。

穿衣的评估场景包括以下三点：

a. 观察老年人的外在形象，如衣物整洁程度。

b. 询问老年人或其主要照顾者，老年人在穿衣过程中的主要困难是什么。若老年人能自主穿衣，则询问老年人的穿衣时间，也可给予老年人一些明确的生活情境，例如，去买菜时换衣服要多久。

c. 可挑选老年人的起床时间观察老年人的穿衣情况。

穿衣的评估注意事项包括以下三点：

a. 如果老年人无法全部完成穿衣、裤、鞋、袜其中的一个动作，就属于需协助。

b. 应该以老年人穿着需求作为评判标准。老年人若只有无纽扣、拉链等衣物，则不必要求老年人会扣纽扣、拉拉链。若老年人可穿脱衣、裤、鞋、袜，应判定为“10 分”。

c. 老年人能够自行穿脱衣物，但若出现衣服反穿、纽扣系错、拉链未拉的情况，且老年人并未意识到这类问题，评估师应建议该老年人需要部分帮助，应判定为“5 分”。

穿衣的选项说明如下：

第一种情况：10 分（可独立穿衣）

a. 独立完成穿脱衣服、鞋袜的全过程，且穿、脱过程所花时间小于 20 分钟。

b. 无需他人帮助，可以使用辅助器具、自助具完成穿衣行为。

第二种情况：5 分（需部分帮助）

a. 需要他人在旁监护，在必要时需要他人协助完成。

b. 需要有人诱导、提示，才能完成穿衣动作。例如，引导扣纽扣、上提裤子并系好纽扣，提示老年人穿衣服的顺序并给出口头指导。

第三种情况：0 分（需极大帮助或完全依赖）

完全需要他人帮忙才能穿脱衣服、鞋袜，拉拉链等。

常用的穿衣辅具如图 4-4 所示。

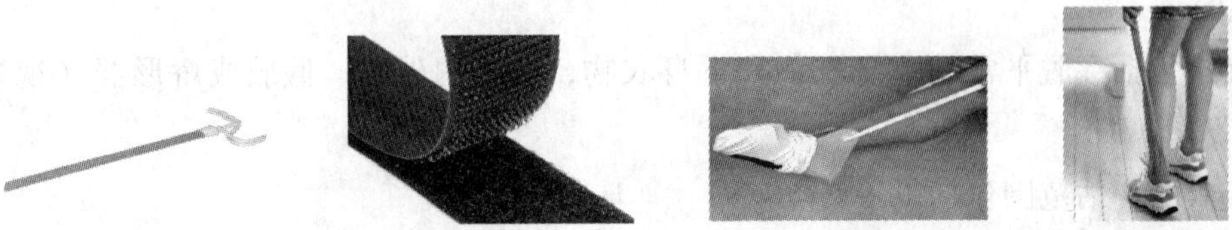

穿衣钩　魔术贴　穿袜器　鞋拔

图 4-4　常用的穿衣辅具

⑤大便控制。

大便控制是指 1 周内无排泄障碍。排泄障碍是指直接在裤子里排便、随地排便、排便失禁、摆弄排泄物、排泄物抹到衣服、墙壁上等情况。

大便控制的评估范围包括：老年人能否控制排便、1 周内有无大便排泄障碍。

大便控制的评估场景包括以下三点：

a. 通过观察老年人的外形整洁情况判断老年人的大小便控制能力。

b. 询问老年人如下问题：大小便来得及吗？裤子有弄脏过吗？是您想要上厕所但是来不及吗？您患有泌尿系统疾病吗？失禁的次数是多少？

c. 有的老年人因面子问题而不会说实话，因此评估师就要配合其他评估情况（如从照顾者处得到的信息、味道等）进行判断。

大便控制的评估注意事项包括以下六点：

a. 评估 1 周内老年人的实际情况。

b. 老年人在便秘时，能自行用塞剂、甘油球进行处理，这种情况属于可控制大便。

c. 若排便失禁是因为受到药物副作用的影响，评估师应对药品名称、剂量等做好记录。

d. 若老年人最近出现肠胃不佳，需要通过灌肠法治疗。鉴于该老年人平时身体状况良好，且发生此现象频率较低，应判定为“10 分，可控制大便”。

e. 老年人有自主排便的意识，但是由于行动缓慢，有时来不及到卫生间或者来不及脱裤子，就直接排便了。虽然这种情况每周不止出现一次，但仍判定为“5 分，偶尔失控”。

f. 老年人每周需进行一次人工取便。

大便控制的选项说明如下：

第一种情况：10 分（可控制大便）

在一周内没有出现大便失禁的情况。

第二种情况：5 分（偶尔失控，或需他人提示）

a. 排便失禁情况每周≤1 次。

b. 需要他人在旁监护或提示才能完成。

第三种情况：0 分（完全失控）

不能自主控制大便，经常大便失禁、人工取便等需要依赖他人完成排便行为。

⑥小便控制。

小便控制是指在 48 小时内无排尿障碍（直接在裤子里排便、随地排便、排便失禁、摆弄排泄物、排泄物抹到衣服、墙壁上等）。

小便控制的评估范围包括：老年人能否控制排便、在 48 小时内有无小便排泄障碍。

小便控制的评估场景可以参考大便控制的评估场景。

小便控制的评估注意事项包括以下三点：

a. 评估在 48 小时内老年人的实际情况。

b. 若排尿失禁是受到药物副作用的影响，应将药品名称、剂量等做好记录。

c. 若老年人因肾衰竭而无尿，但其括约肌功能正常，应判定为可控制小便。

小便控制的选项说明如下：

第一种情况：10 分（可控制小便）

在 48 小时内没有出现小便失禁的情况。

第二种情况：5 分（偶尔失控，或需他人提示）

a. 尿失禁情况每天<1 次，但每周≥1 次。

b. 需要他人在旁监护或提示才能完成。

第三种情况：0 分（完全失控，或留置导尿管）

a. 不能自主控制小便，经常小便失禁。

b. 依赖辅具、器具（如穿纸尿裤）或完全需要他人帮助的。

⑦如厕。

如厕是指老年人有便意或尿意时，知道去厕所或使用便盆及尿壶进行大小便。

如厕的评估范围包括以下两点：

a. 脱裤子、排便/排尿过程、清洁会阴或肛门、整理衣裤、马桶冲水或清理接便器（接尿器）等动作。

b. 厕所种类不在评估范围内，坐式、蹲式的厕所都可以进行评估。

如厕的评估场景包括以下四点：

a. 通过询问和观察的方式评估老年人的如厕情况，并判定老年人需照护的程度。

b. 可挑选老年人如厕时评定其能力，主要观察老年人能否脱下裤子、使用马桶（或接尿器、接便器）、完成排便、排尿、擦拭清洁、整理衣裤、冲马桶（清洗接尿器、接便器）的过程。

c. 需观察老年人如厕的环境，如厕所内是否安装无障碍设施以及厕所的种类；老年人由蹲式换成坐式后，老年人如厕的评分等级是否提高。

d. 家属的过度帮忙可能会使老年人的如厕能力下降，评估师可根据该指标的动作要点，通过手部动作、坐、站等能力进行佐证。

如厕的评估注意事项包括以下两点：

a. 如果老年人使用的是人工肛门，则需要评估老年人人工肛门袋的准备、交换、事后清理等工作；如果老年人穿戴成人尿布、尿垫、留置导尿管，则需要评估老年人纸尿裤、尿垫、导尿管的准备、交换、事后清理等动作。老年人如果能够自行完成，则为“10分”。

b. 可自行上下马桶、整理衣裤、使用卫生纸、冲马桶或清理便盆（尿壶）等一系列的动作。若老年人未完成其中一个动作，则属于须协助。

如厕的选项说明如下：

第一种情况：10 分（可独立完成）

a. 自行完成清洁会阴或肛门、整理衣服（且不弄脏衣物）、冲水或清洗便盆、尿壶等动作。

b. 使用接便器或接尿器者，可自行清洗接便器、接尿器，能够完成如厕动作。

第二种情况：5 分（需部分帮助）

a. 需他人搀扶去厕所。

b. 需他人帮忙冲水或整理衣裤等。

c. 需要他人提示、诱导才能完成动作。

第三种情况：0 分（需极大帮助或完全依赖他人）

完全需要他人帮助才能完成如厕动作。

常用的如厕辅具如图 4-5 所示。

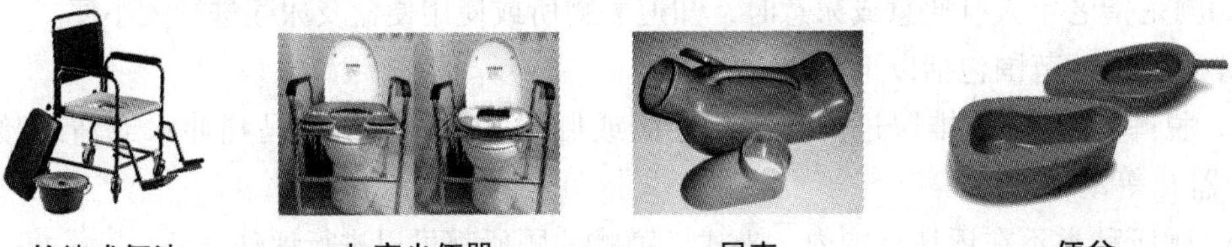

轮椅式便池　　加高坐便器　　尿壶　　便盆

图 4-5　常用的如厕辅具

⑧床椅转移。

床椅转移是指从床到轮椅、从床到坐便器等来回全过程中的所有动作。

床椅转移的评估范围包括以下两点：

a. 坐起来、移动臀部、转身、移动、坐下独立站稳等动作。如果老年人坐轮椅，则评估范围还包括接近床椅、合上车闸、提起足托、拆扶手等动作。

b. 假肢、助行器等辅助工具的准备动作不在评估范围内。

床椅转移的评估场景包括以下三点：

a. 通过观察的方式。评估师接触老年人后可先观察老年人的床椅移动能力，如床上起身、床边坐下、站立或移动等能力。

b. 通过询问的方式。例如，您可以在床上起身吗？您可以站起来走两步吗？您觉得床椅转移需要他人帮忙吗？

c. 通过创造情境现场测评的方式。评估师可以问老年人："可不可以带我去看看您的房间？"若老年人起不来，也不要勉强；若老年人一侧偏瘫，平时也都有在用助行器，评估师也可请老年人带领其参观房间或浴室。

床椅转移的评估注意事项包括以下三点：

a. 转移间距须在 1.1 米以上。

b. 若老年人多次尝试从某一体位到另一体位的转移，但仍不能完成该动作，那么老年人就需要他人协助。

c. 老年人及家属表示可以独立完成床椅转移动作，但评估师在评估时发现老年人身体易失去平衡，若无他人监护，发生跌倒的可能性较大，这种情况应判定为"10 分，需部分帮助"。

床椅转移的选项说明如下：

第一种情况：15 分（可独立完成）

a. 可独立完成翻身、起坐，从床到轮椅来回移动。

b. 使用辅助工具、自助具能完成转移动作。

c. 能自如驾乘轮椅。

第二种情况：10 分（需部分帮助）

a. 老年人有能力完成床椅转移动作，需他人略微搀扶或使用拐杖。

b. 需要他人在旁监护或提示动作。

c. 基本上不需要接触老年人身体，但适当的时候可以搀扶老年人。

第三种情况：5 分（需极大帮助）

a. 需要搀扶老年人或老年人使用拐杖，协助支撑身体才能完成床椅转移动作。

b. 为防止意外的发生，需要大部分帮助才能完成床椅转移动作。

第四种情况：0 分（完全依赖他人）

需要他人抱、搬身体等才能完成转移动作。

常用的床椅转移辅具如图 4-6 所示。

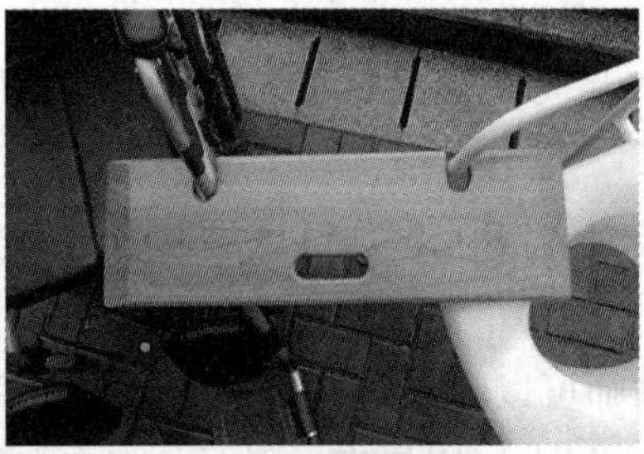

移位板

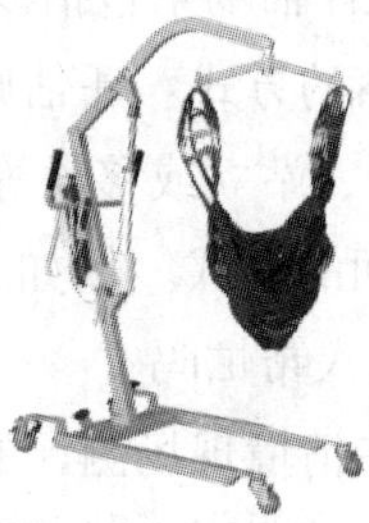

移位机

图 4-6　常用的床椅转移辅具

⑨平地行走。

平地行走是指从双脚站立的状态开始，连续步行 45 米的行为能力（20 分钟内完成）。连续步行是指在步行过程中不跌倒、不停歇。

平地行走的评估范围包括以下两点：

a. 从双脚站立起，能够连续步行 45 米。

b. 步幅、步频、步速和方向感觉等不在评估范围内。

平地行走的评估场景包括以下三点：

a. 通过观察的方式。评估师可先观察老年人的行走能力，观察老年人走路是否平稳，是否需要他人搀扶，是否需要扶墙或使用辅具。

b. 通过询问的方式。常见的问题包括：平常多久出一次门呢？早晚出去散步吗？和谁一起出门散步？能走多远呢？能走多长时间？需要他人搀扶吗？

c. 评估师可通过创造情境现场测评的方式评估老年人平地行走的能力。

平地行走的评估注意事项包括以下六点：

a. 老年人的行走时间不能代表老年人的行走能力；使用轮椅的老年人不一定不能行走，有些使用轮椅的老年人可搭配助行器行走。

b. 评估师必须根据老年人日常生活中的实际情况做出判断，不可与康复训练时的效果混淆。

c. 有的老年人患有心肺等疾病，医生不建议老年人步行或限制老年人步行的，则判定为“0 分”。

d. 截肢患者没有完成站立行为能力，则判定为“0 分”。

e. 老年人在评估时因为脚扭伤而未能在现场执行指定动作，评估师可询问其家属，如果老年人可以拄拐杖行走，则应判定为“10 分，需部分帮助”。

f. 老年人需要将双手放在膝盖上来支撑身体，可以独立完成行走 45 米，则应判定为“10 分，需部分帮助”。

平地行走的选项说明如下：

第一种情况：15 分（可独立在平地上行走 45 米）

a. 老年人能在平地上连续行走 45 米，且不借助任何支撑器械。

b. 老年人在使用支具的情况下可独立且连续地在平地上行走。

第二种情况：10 分（需部分帮助）

a. 因肢体残疾、平衡能力差、过度虚弱等问题，老年人在一定程度上需要使用拐杖、助行器等辅助用具（不包括轮椅）或依靠外界支撑才能独立、连续行走。

b. 老年人在穿脱支具和平地行走时需要他人监护和提示。

第三种情况：5 分（需极大帮助）

a. 老年人在较大程度上依赖他人搀扶、支撑身体才能完成连续行走。

b. 老年人能坐在轮椅上自行移动 45 米，且能自如地使用轮椅。

第四种情况：0 分（完全依赖他人）

a. 老年人不能自己驱动轮椅或无法掌控轮椅平衡，需要依赖他人的帮助、监护才能安全使用轮椅完成移动。

b. 老年人因常年卧床、重度昏迷等而没有行走能力。

c. 老年人即使获得外界帮助也只能行走或移动 2~3 米。

常用的平地行走辅具如图 4-7 所示。

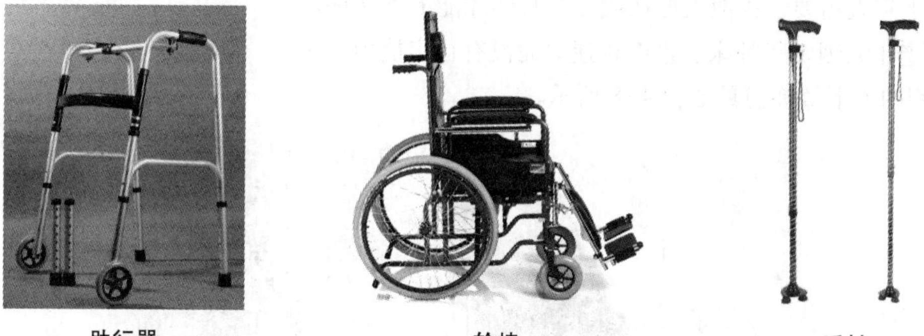

图 4-7　常用的平地行走辅具

⑩上下楼梯。

上下楼梯是指可以独自连续完成上下 10~15 个台阶的行为能力。

上下楼梯的评估范围包括以下两点：

a. 连续上下 10~15 个台阶。

b. 步幅、步频、步速和方向感觉等不在评估范围内。

上下楼梯的评估场景包括以下三点：

a. 通过观察的方式。评估师可先观察老年人上下楼梯的能力。

b. 通过询问的方式。常见的问题包括：您住几楼啊？早晚出去散步吗？需要拄拐杖吗？能自己上下楼梯吗？

c. 通过老年人现场测评的方式。评估师请老年人现场演示上下 10~15 个台阶，观察老年人的稳定性；在无法评估上下楼梯的情况时，评估师可请老年人站起来走一下或原地踏步。这时，评估师便可根据其肌肉的力量和关节的灵活度来判断其上下楼梯的能力。

上下楼梯的评估注意事项包括以下两点：

a. 必须根据老年人日常生活中的实际情况做出判断，不可与康复训练时的效果混淆。

b. 有的老年人患有心肺等疾病，医生不建议老年人步行或限制老年人步行的，则判定为“0 分”。

上下楼梯的选项说明如下：

第一种情况：10 分（可独立且连续地上下 10~15 个台阶）

a. 老年人不借助任何支撑器械，可以连续上下 10~15 个台阶。

b. 老年人使用支具时，可独自完成穿脱动作，并完成上下楼梯动作。

第二种情况：5 分（需部分帮助）

a. 老年人在穿脱支具和上下楼梯时需要他人监护和提示。

b. 老年人需扶着楼梯或使用拐杖等有外界支撑时可独立完成动作。

第三种情况：0 分（需极大帮助或完全依赖他人）

a. 老年人需要依赖他人搀扶或支撑身体才能上下楼梯。

b. 老年人因常年卧床、重度昏迷等而没有行走能力。

常用的上下楼梯辅具如图 4-8 所示。

楼梯扶手

图 4-8　常用的上下楼梯辅具

二、工具性生活自理能力评估

工具性生活自理能力是指人们在居家或社区中独立生活所需的、关键性的、比较高级的技能。工具性生活自理能力是在日常生活自理能力的基础上发展起来的体现人的社会属性的一系列活动，它的实现是以日常生活自理能力为基础的。例如，家务杂事、炊事、采购、驾车、处理个人事务等，都需要借助工具进行。

案例分析

李爷爷，80 岁，已退休，现与老伴同住，患有高血压和冠心病。李爷爷的老伴会将药物分配好，到点提醒李爷爷，李爷爷就可自己服用药物。李爷爷的子女在外工作。每天晚上，李爷爷会给子女打电话，可是李爷爷经常打错电话，所以其儿子将李爷爷的常用联系人设置成快捷键，李爷爷便可自己操作了。在老伴的帮助下，李爷爷还能使用微信与他人进行视频通话。李爷爷在生活上能够自理，能够上街散步，偶尔会买一些香皂、纸巾回家，但不能独立去商店购买太多物品。李爷爷不能做饭，只能将饭菜加热；饭后，他可以做洗碗、擦桌等简单的家务。

请根据以上案例，判断李爷爷的工具性生活自理能力的每项评分、总评分、评估等级。

（一）工具性生活自理能力评估工具

工具性生活自理能力评估工具包括评估用的辅助用具和工具性生活自理能力评估表。

1. 评估用的辅助用具

评估用的辅助用具如表 4-3 所示。辅助用具示意图如图 4-9 所示。

表 4-3 评估用的辅助用具

评估指标	辅助用具
工具性生活自理能力	老年移动电话、厨房自助具（特制切菜板、特制刀具、切菜器、起盖器、倒水器具、包饺子器、切蛋器、阀门扳手等）、家居自助具（取物器、钥匙扳手、门把手等）

特制菜板　特制刀具　起盖器　倒水器具　取物器

图 4-9 辅助用具示意图

2. 工具性生活自理能力评估表

表 4-4 为工具性生活自理能力评估表。

表 4-4　工具性生活自理能力评估表

1	使用电话	□分	3 分，独立使用电话/手机，查存电话/手机号码、拨号等
			2 分，仅会拨打熟悉的电话/手机号码，不会查存电话/手机号码
			1 分，仅会接电话/手机，不会拨打电话/手机
			0 分，完全不会使用电话/手机
2	上街购物	□分	3 分，能独立完成所有购物
			2 分，能独立购买日常生活用品，不能完成其他非日常用品的购买
			1 分，上街购物需要有人陪同
			0 分，不能上街购物
3	备餐	□分	3 分，能独立准备食材、配料，能自行烹煮、加热饭菜，摆设餐具
			2 分，能烹煮饭菜，但不能独立准备食材、配料
			1 分，不能烹煮饭菜，只能将已做好的饭菜进行简单加热
			0 分，只能依靠别人把饭菜煮好、摆好
4	处理家务	□分	3 分，能做较繁重的家务，如拖地、擦窗户、清理厨房等
			2 分，只能做较简单的家务，如洗碗、擦桌、铺床、叠被
			1 分，能做简单家务，但质量不高
			0 分，做不了家务
5	服用药物	□分	3 分，能在正确的时间里服用正确剂量的药物
			2 分，需要他人少许协助及提醒，可自行分拣、服用药物
			1 分，需要他人事先将每次服用的药物独立分装好并设定好时间，才能自行服用
			0 分，依赖他人服药
6	工具性生活自理能力总分	□分	上述 5 个项目得分之和
7	工具性生活自理能力分级	□级	0 级，能力完好：总分 15 分 1 级，轻度受损：总分 10~14 分 2 级，中度受损：总分 5~9 分 3 级，重度受损：总分 0~4 分

3. 工具性生活自理能力评估操作说明

（1）使用电话

使用电话是指拨打和接听电话/手机的能力。如果老年人能拨打和接听电话，且能听懂对方说话的内容，就属于能独立使用电话/手机。

使用电话的评估范围包括：接听手机/电话、拨号、查存手机/电话号码，且能听懂对方说话的内容。

使用电话的评估场景包括：给老年人一张名片打电话或请老年人打给女儿/儿子，评估视力、听力等。

使用电话的评估注意事项包括以下三点：

①有言语障碍的老年人若会使用传真机、微信、短信等沟通媒介，亦可等同视为可使用电话。

②肌肉萎缩的老年人可按单键、设快拨键等，应评估为“2 分：仅可拨打熟悉电话”。

③在设置了电话快捷键的情况下，若老年人能正确使用电话，应评估为“2 分：仅可拨打熟悉电话”。

使用电话的选项说明如下：

第一种情况：3 分

老年人能独立使用手机或电话，包括查存手机/电话号码、进行拨号（本地、外地号码）、接听电话等。

第二种情况：2 分

老年人仅会拨打熟悉的电话/手机号码，如设置好的亲情号/家庭短号，不能查存电话/手机号码。

第三种情况：1 分

老年人仅会接听电话/手机，不会拨打电话/手机。

第四种情况：0 分

老年人完全不会使用电话/手机。

（2）上街购物

上街购物是指能够到达便利商店、市场、百货公司等购买自己所需物品的能力。

上街购物的评估范围包括以下三点：

①到达购买地点、整理需购买的物品、计算价格、挑选物品、完成购买过程。

②评估上述过程是否需他人帮助。

③电话购物、网上订购等方式不在评估范围内。

上街购物的评估场景包括以下三点：

①通过询问的方式。常见的问题包括“您平常会不会去买东西？”“您平常都去哪买东西啊？”“这个商店在什么位置？旁边有什么标志性的建筑吗？”“是自己去还是和他人一起呢？”“会一起买家人的物品吗？”

②在条件允许的情况下，评估师可随老年人一起去商店购物，观察老年人是否清楚购物流程，购物过程是否流畅。

③若老年人存在短暂的功能障碍，评估师可进行情景模拟，根据老年人描述的购买场

景、购买物品及金额、规划往返路线等进行评估。

上街购物的选项说明如下：

第一种情况：3 分

①能独立购买所需的所有物品。

②整理需要购买的物品、并能够完成购买。

第二种情况：2 分

①能独立购买小的日常生活用品，不能完成其他非日常用品的购买。

②日常生活用品包括个人卫生用品、家居用品、炊事用品、装饰用品、化妆用品、床上用品、玩具、礼品等。

第三种情况：1 分

①老年人在上街购物时需要有人陪同指导。

②老年人可能会忘记购买某些物品，或外出后迷路等。

第四种情况：0 分

老年人不能完成购买物品的行为，不能计算物品价格或存在认知障碍等。

（3）备餐

备餐是指老年人准备餐食的能力，包括准备食材、配料，加热饭菜，烹饪，餐具摆设、安全使用各式各样的工具（刀具、电器、煤气炉等）。

备餐的评估范围包括以下三点：

①准备食材、配料，加热饭菜，烹饪，餐具摆设。

②安全使用各种工具（刀具、电器、煤气炉等）。

③评估老年人在上述过程中是否需要他人帮助。

备餐的评估场景包括以下两点：

①通过询问的方式，询问老年人平常怎么准备餐食，会不会做饭等。

②评估师可选择老年人备餐时进行评估，主要观察老年人准备食材、配料，进行烹饪、装盘的情况。

备餐的注意事项包括以下四点：

①备餐是指老年人自己准备餐食，而不是家人帮忙准备。另外，备餐和用餐是不同的。

②老年人仅能煮面条、水饺，应判定为 2 分。

③老年人仅能通过外卖等方式准备食材及配料，并进行烹饪，应判定为 2 分。

④在“1 分”选项中，简单加热的方式没有硬性要求。

备餐的选项说明如下：

第一种情况：3 分

老年人能独立准备食材、配料，烹煮美味的饭菜。

第二种情况：2 分

老年人在准备好食材、配料后，能够烹煮美味的饭菜。

第三种情况：1 分

老年人不能烹煮饭菜，只能将已做好的饭菜进行简单加热。

第四种情况：0 分

老年人只能依靠别人把饭菜煮好、摆好。

（4）处理家务

处理家务是指老年人处理家庭日常生活事务的能力，包括简单家务和繁重家务。繁重家务包括拖地、擦窗户、清理厨房等。简单家务包括洗衣服、叠衣服、整理衣柜、铺床、叠被、洗碗、收拾饭桌等。

处理家务的评估范围包括：家务的复杂程度（繁重、简单）和清洁程度。

处理家务的评估场景包括以下三点：

①通过询问的方式，询问老年人家里谁做家务。

②若老年人能处理家务，评估师可挑选老年人做家务时进行评估，观察老年人处理家务的能力。

③若老年人说自己能处理家务，需观察老年人居住环境的清洁程度，如地面整洁程度、杯子是否有污渍等，同时也可评估老年人的视力。

处理家务的注意事项包括以下三点：

①若老年人坐轮椅，但能处理家务，需按照从事家务的复杂程度进行正常评估。

②有时，老年人/家属会说老年人不能做家务，评估师需判断老年人是因为家人同住不用做，还是真的不会做。

③居住环境的整洁程度是主观看法，有时老年人觉得干净了，但我们觉得不够干净，需评估师根据整洁程度进行判定。

处理家务的选项说明如下：

第一种情况：3 分

老年人能做较繁重的家务，如拖地、擦窗户、清理厨房等。

第二种情况：2 分

老年人只能做较简单的家务，如洗碗、擦桌、铺床、叠被等。

第三种情况：1 分

老年人能做简单家务，但质量不高，达不到可接受的整洁程度。

第四种情况：0 分

老年人做不了家务。

（5）服用药物

服用药物是指老年人能够管理药物并能按照准确的剂量在正确的时间内服用药物的能力。

服用药物的评估范围包括：管理药物、服药时间、分拣药物、准备温水、服用药物。

服用药物的评估场景包括以下三点：

①通过询问的方式，询问老年人药品谁来保管、如何保管等。

②观察老年人的药袋日期与剩余药量，判断老年人有无按时吃药、乱吃药或不吃药等情形。

③可选择老年人吃药时进行评估，直接观察老年人的服药情况。

服用药物的注意事项包括以下两点：

①应注意老年人是否按照医嘱服药，包括服药时间、剂量、频次等。

②若老年人目前不用吃药，则询问老年人在感冒时，能否准时、正确服用药物。

服用药物的选项说明如下：

第一种情况：3 分

老年人能管理药物并提前分装好药物，能准时服用正确剂量的药物。

第二种情况：2 分

①老年人需要他人提醒已到服药时间，能够自行分拣、服用药物。

②老年人会忘记分拣过的药，会出现多吃或漏吃的情况，在服药时需要他人协助。

③老年人因为运动障碍等原因需他人帮助准备温水，老年人可以自行服药。

第三种情况：1 分

老年人需要他人事先将每次服用的药物独立分装好并设定好时间，可自行服用。

第四种情况：0 分

①老年人忘记吃药时间、不能分拣药物和服用药物。

②老年人完全忘记自己需要吃药、依赖他人给药等。

4. 自理和活动能力评估等级评定

表 4-5 为自理和活动能力评估等级结果判定卡。

表 4-5　自理和活动能力评估等级结果判定卡

自理和活动能力	日常生活自理能力	工具性生活自理能力			
		0	1	2	3
0 能力完好	0				
	1				
	2				
	3				

表4-5(续)

自理和活动能力	日常生活自理能力	工具性生活自理能力			
		0	1	2	3
1 轻度失能	0				
	1				
	2				
	3				
2 中度失能	0				
	1				
	2				
	3				
3 重度失能	0				
	1				
	2				
	3				
自理和活动能力分级	□级 0 能力完好 1 轻度失能 2 中度失能 3 重度失能				

案例分析

王婆婆已经 89 岁了，其家人想将王婆婆送往某养老机构进行照护。该养老机构的评估师小李对王婆婆进行自理和活动能力评估。评估结果显示，王婆婆的日常生活自理能力的评分为 65 分，即 1 级轻度失能；其工具性生活自理能力的评分为 7 分，即 2 级中度失能。

请根据以上评估结果，划定王婆婆的自理和活动能力评估等级。

第二节　认知能力评估

认知是指人们获得知识和应用知识的过程（或信息加工的过程），这是人的最基本的心理过程。认知主要包括记忆、语言、视觉空间、注意力、思维、计算、执行、想象等。

认知能力是人们成功完成活动最重要的心理条件。认知能力包括记忆力、注意力、定向力、计算能力、想象能力、思维能力等。

老年人的认知能力主要反映老年人对周围环境和对自身所处状况的识别能力，这对老年人能否独立生活以及生活质量有着重要的影响。

一、老年人的认知特点

随着年龄的增长，老年人的认知能力逐渐减弱，这主要表现为感知觉衰退、记忆力下降、注意力下降、思维衰退、智力发展不平衡等。

1. 感知觉衰退

详见本章第三节的内容。

2. 记忆力下降

记忆力下降表现为：①理解记忆尚好，机械记忆衰退明显；②初级记忆较次级记忆更好；③记忆的保持能力下降。其中，初级记忆是指人对于刚听过或刚看过、当时在脑子里还留有印象的事物的记忆；次级记忆是指对已听过或已看过一段时间的事物，经过编码储存在记忆仓库，以后需要加以提取的记忆。

3. 注意力下降

老年人的持续注意力略有下降，但不易感觉到；老年人忽略干扰或无关信息的能力下降，即控制注意过程的精度和速度减退。

4. 思维衰退

思维衰退表现为思维迟钝、贫乏，灵活性差，以自我为中心，难以结合客观实际及他人的观点来全面分析问题。

5. 智力发展不平衡

老年人的智力发展存在不平衡趋势。老年人的液态智力会随着年龄增长而逐渐衰退，而晶态智力不会随年龄增长而衰退。液态智力是指人与生俱来的能进行学习和解决问题等智力活动的能力；晶态智力是指受环境因素制约的，通过学习和掌握社会文化经验而获得的智力。

二、认知能力评估的工具

认知能力评估的工具包括评估用的辅助用具和认知能力评估表。

（一）评估用的辅助用具

表 4-6 为评估用的辅助用具。图 4-10 为具体的辅助用具示意图。

表 4-6　评估用的辅助用具

评估指标	辅助用具
认知能力	医生、学生、警察、教师、工人、铅笔、手表的彩色图片 一张白纸 一支铅笔 写有“请闭上您的眼睛”的卡片 皮球、树木、红旗的彩色图片

图 4-10　具体的辅助用具示意图

（二）认知能力评估表

表 4-7 为认知能力评估表。

表 4-7　认知能力评估表

<table>
<tr><th>序号</th><th>项目</th><th>得分</th><th>问答题（答对 1 题得 1 分，共 10 分）</th><th>对</th><th>错或未做</th></tr>
<tr><td rowspan="5">1</td><td rowspan="5">时间定向
（5 分）</td><td rowspan="5">□分</td><td>1. 今年是哪一年？</td><td>1 分</td><td>0 分</td></tr>
<tr><td>2. 现在是什么季节？</td><td>1 分</td><td>0 分</td></tr>
<tr><td>3. 现在是几月？</td><td>1 分</td><td>0 分</td></tr>
<tr><td>4. 今天是几号？</td><td>1 分</td><td>0 分</td></tr>
<tr><td>5. 今天是星期几？</td><td>1 分</td><td>0 分</td></tr>
<tr><td rowspan="5">2</td><td rowspan="5">地点定向
（5 分）</td><td rowspan="5">□分</td><td>6. 咱们现在在哪个省？</td><td>1 分</td><td>0 分</td></tr>
<tr><td>7. 咱们现在在哪个县（区）？</td><td>1 分</td><td>0 分</td></tr>
<tr><td>8. 咱们现在在哪个乡（街道）？</td><td>1 分</td><td>0 分</td></tr>
<tr><td>9. 咱们现在的地方是？</td><td>1 分</td><td>0 分</td></tr>
<tr><td>10. 咱们现在在几楼？</td><td>1 分</td><td>0 分</td></tr>
<tr><td rowspan="7">3</td><td rowspan="7">人物定向
（5）</td><td rowspan="7">□分</td><td colspan="3">评估被测试者对人物身份的识别，向被测试者出示 5 张身份清晰的照片，分别是“医生、学生、警察、教师、工人”，请被测试者说出身份（答对 1 题得 1 分，共 5 分）</td></tr>
<tr><td>项目</td><td>对</td><td>错或未做</td></tr>
<tr><td>医生</td><td>1 分</td><td>0 分</td></tr>
<tr><td>学生</td><td>1 分</td><td>0 分</td></tr>
<tr><td>警察</td><td>1 分</td><td>0 分</td></tr>
<tr><td>教师</td><td>1 分</td><td>0 分</td></tr>
<tr><td>工人</td><td>1 分</td><td>0 分</td></tr>
</table>

表4-7(续)

<table>
<tr><td rowspan="5">4</td><td rowspan="5">记忆力
（3分）</td><td rowspan="5">□分</td><td colspan="3">评估被测试者的记忆力（答对1题得1分，共3分）
告诉被测试者，需要问几个问题来检查他的记忆力，然后清楚、缓慢地说出3个无联系的东西的名称（如皮球、国旗、树木，大约1秒说一个），说完所有的3个名称之后，要求被测试者重复说出它们的名字。被测试者的得分取决于他们首次重复的答案，如果他们没能完全记住，可以重复，但重复的次数不能超过5次。如果5次后他们仍未记全3个名称，那么应直接跳过“回忆能力”评估
问题：现在我要说3个东西的名称，在我讲完之后，请您重复说一遍，并请您记住这3个东西，过一会儿我还要再问您这3个东西的名称</td></tr>
<tr><td>项目</td><td>对</td><td>错或未做</td></tr>
<tr><td>皮球</td><td>1分</td><td>0分</td></tr>
<tr><td>国旗</td><td>1分</td><td>0分</td></tr>
<tr><td>树木</td><td>1分</td><td>0分</td></tr>
<tr><td rowspan="7">5</td><td rowspan="7">注意力和
计算力
（5分）</td><td rowspan="7">□分</td><td colspan="3">评估被测试者的注意力和计算力。要求被测试者从100开始减7，然后用所得的数再减去7，如此一直计算5次。测评时不要向被测试者重复上一题的答案，也不能用笔算。计分时，如果一次算错了，则该题计为0分；但如果下一题答案是对的，则下一题仍计1分
问题：现请您从100减去7，然后从所得的数再减去7，一直减下去，把每一次的答案都告诉我，直到我说“停”为止</td></tr>
<tr><td>项目</td><td>对</td><td>错或未做</td></tr>
<tr><td>100-7=　（93）</td><td>1分</td><td>0分</td></tr>
<tr><td>-7=　（86）</td><td>1分</td><td>0分</td></tr>
<tr><td>-7=　（79）</td><td>1分</td><td>0分</td></tr>
<tr><td>-7=　（72）</td><td>1分</td><td>0分</td></tr>
<tr><td>-7=　（65）</td><td>1分</td><td>0分</td></tr>
<tr><td rowspan="5">6</td><td rowspan="5">回忆能力
（3分）</td><td rowspan="5">□分</td><td colspan="3">评估被测试者的回忆能力。请被评估者回忆前面请他记住的3个东西的名称（答对1项得1分，共3分）
问题：现在请您告诉我，刚才我要您记住的3个东西的名称是什么（可以不用按顺序回忆）？</td></tr>
<tr><td>项目</td><td>对</td><td>错或未做</td></tr>
<tr><td>皮球</td><td>1分</td><td>0分</td></tr>
<tr><td>国旗</td><td>1分</td><td>0分</td></tr>
<tr><td>树木</td><td>1分</td><td>0分</td></tr>
</table>

表4-7(续)

<table>
<tr><td rowspan="22">7</td><td rowspan="22">语言能力
（9分）</td><td rowspan="22">□分</td><td colspan="4">评估被测试者的语言能力，共 5 个问答题，包括命名能力、复述能力、三步命令、阅读能力、书写能力、结构能力</td></tr>
<tr><td rowspan="4">物体命名</td><td colspan="3">主试：依次拿出手表、铅笔或者手表和铅笔的清晰图片，问被测试者这是什么？</td></tr>
<tr><td>项目</td><td>对</td><td>错或未做</td></tr>
<tr><td>手表</td><td>1 分</td><td>0 分</td></tr>
<tr><td>铅笔</td><td>1 分</td><td>0 分</td></tr>
<tr><td rowspan="3">语言复述</td><td colspan="3">主试：我现在说一句话，请跟我清楚地重复一遍（瑞雪兆丰年）</td></tr>
<tr><td>项目</td><td>对</td><td>错或未做</td></tr>
<tr><td>瑞雪兆丰年</td><td>1 分</td><td>0 分</td></tr>
<tr><td rowspan="3">阅读能力</td><td colspan="3">主试：请您照着这张卡片上所写的要求去做
（把写有“请闭上您的眼睛”大字的卡片交给被测试者）</td></tr>
<tr><td>项目</td><td>对</td><td>错或未做</td></tr>
<tr><td>闭上您的眼睛</td><td>1 分</td><td>0 分</td></tr>
<tr><td rowspan="5">三步命令</td><td colspan="3">给被测试者一张空白纸
主试：下面我跟您说几个动作，等我说完后，请您按照我说的顺序一一去做。现在开始：“①用右手拿着这张纸；②用两只手将它对折起来；③放在您的左腿上。”
（注意：把所有指令说完再让被测试者执行；不重复说明，也不示范；要求按次序做）</td></tr>
<tr><td>项目</td><td>对</td><td>错或未做</td></tr>
<tr><td>用右手拿纸</td><td>1 分</td><td>0 分</td></tr>
<tr><td>把纸对折</td><td>1 分</td><td>0 分</td></tr>
<tr><td>把纸放在大腿上</td><td>1 分</td><td>0 分</td></tr>
<tr><td rowspan="3">书写能力</td><td colspan="3">主试：请您写出一句完整的句子（注意：句子必须有主语、动词）</td></tr>
<tr><td>项目</td><td>对</td><td>错或未做</td></tr>
<tr><td>被测试者说的句子</td><td>1 分</td><td>0 分</td></tr>
<tr><td rowspan="3">结构能力</td><td colspan="3">主试：请您按照上面的图案画出来（出示图案）
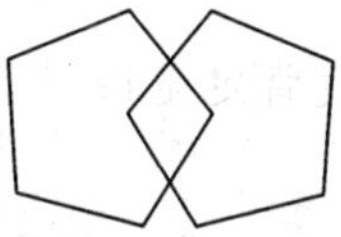</td></tr>
<tr><td>项目</td><td>对</td><td>错或未做</td></tr>
<tr><td>照样画图</td><td>1 分</td><td>0 分</td></tr>
<tr><td>8</td><td>总分</td><td>□分</td><td colspan="4">上述 7 个项目得分之和</td></tr>
<tr><td>9</td><td>分级</td><td>□级</td><td colspan="4"></td></tr>
</table>

三、认知能力评估的操作说明

（一）评估场景

（1）在评估前，评估师准备“医生、学生、警察、教师、工人”5张图片清晰的人物照片、白纸、铅笔、手表（可用图片）等评估工具，按照评估表的指标和说明进行评估。

（2）评估方法包括询问、测试、观察；询问对象仅限被评估者本人。

（3）评估时间定向和人物定向。提问时，按照“由大到小”的顺序，即先问年份，再问季节、月份；先问省份，再问区县、街道等。

（4）评估书写能力。语法和标点的错误可以忽略不计，如果被评估者在2分钟之内仍不能写出合格的句子，则记0分。

（5）评估结构能力。五边形需要清楚地画出5个角和5个边。同时，两个五边形交叉处为菱形。线条的抖动和图形的旋转可以忽略。

（6）在进行认知能力等级判定时，评估师不用再次询问老年人的文化程度，可参考老年人的基本信息“文化程度”进行判断。

（二）评估注意事项

（1）认知能力评估的评估对象仅限老年人本人，家属代答无效。

（2）严格按评估表的操作说明进行评估，否则评估结果无效。

案例分析

曹爷爷，82岁，高中文化水平，老伴去世后，因无人照顾入住温馨之家养老机构。最近，护理员发现曹爷爷记忆力、语言表达能力下降，故评估师小王对曹爷爷进行认知能力评估，评估时间是2019年12月4日，星期三。评估场景如下文所述。

评估师：“曹爷爷，您今年看祖国70周年华诞的阅兵仪式了吗？今年是哪一年呢？”

曹爷爷：“今年是2016年8月份得嘛，秋天了，你看我都穿长袖了。”

评估师：“曹爷爷，今天是几号，星期几呢？你儿子是不是要来看你了？”

曹爷爷：“记不清楚星期几，几号，记这个干啥嘛，他们有空就会来看我。”

评估师：“你现在在哪里呢？”

曹爷爷：“你是在考验我智商吗？我肯定是四川省，在遂宁。我老伴就在遂宁，我们住在一个养老机构里。”

评估师：“你现在住的机构叫什么名字，你房间在几楼呢？”

曹爷爷：“我在温馨之家，我儿子给我找的，房间在三楼。走嘛，我带你去看看。”

曹爷爷拉着小王就开始往房间走，走到房间门口，让小王看他的名字。

评估师：“曹爷爷真棒，曹爷爷我们来玩个游戏好不好？看你能记住我说的话不。我现在说3个东西的名称，我说完后，你重复我说的名称，并且要记住，我一会儿还要问你哦！”

评估师：“皮球、国旗、树木，请你重复一遍。”

曹爷爷：“树木、国旗……不知道了。”

评估师：“还有一个皮球呢！”

曹爷爷：“对对对，哎，人老了，记忆力不行了。”

评估师：“曹爷爷，听说你是搞工程的，数学学得特别好，我们又来玩个数字游戏，请您从100减去7，然后从所得的数再减去7，一直减下去，把每一次的答案都告诉我，直到我说‘停’为止。”

曹爷爷：“哈哈，这么简单的问题，100-7等于93，93-7……哎呀，记不住了，算这个有意义吗，记不住，记不住。”

评估师：“那我们不计算了，曹爷爷，你还记得我刚才给你说的3个东西的名称吗?”

曹爷爷：“啥子3个东西，不晓得，我们这个年纪了，记这些东西没意义。”

接着评估师拿出医生、教师、学生、警察、工人、铅笔、手表的图片，让曹爷爷回答图片内容；曹爷爷很高兴了，觉得很好玩。他回答对了每张图片的内容。对于工人这张图片，曹爷爷还告诉小王：“我以前就是干这个的。”

评估师继续对曹爷爷进行语言能力评估，让曹爷爷复述瑞雪兆丰年，按照卡片的指令“闭上您的眼睛”做动作，并写出一句完整的话，曹爷爷都完成得很好。但是，评估师让曹爷爷用右手拿纸并将纸对叠，放在左大腿上，曹爷爷只能完成前两步，后面就不知道怎么操作了。最后，评估师让曹爷爷按样作图，曹爷爷画了很久，但他总将五边形画成四边形。

请根据以上案例，结合认知能力评估表，评估曹爷爷的认知能力。

第三节　感知觉与沟通能力评估

感知觉包括感觉和知觉两个心理过程。感觉是人脑对当前作用于感觉器官的客观事物的反映，包括视觉、听觉、嗅觉、味觉、触觉所获得的客观事物形态与色彩。知觉是是在感觉的基础之上，大脑对各种不同属性的客观事物进行整合，并结合以往的经验而形成整体的影像。

沟通是指人与人之间、人与群体之间思想与感情的传递和反馈的过程。沟通是为了使思想达成一致，通过语言或非语言的行为来完成的。

在正常情况下，我们的感觉与外界客观事物是一致的。

一、老年人感知觉与沟通的特点

人类的感觉和知觉能力依赖于人体感觉器官的生理结构。随着年龄的增长，感觉器官的生理结构会发生退行性变化，相应地，老年人的感知觉能力也要发生改变。研究发现，在各种心理活动中，老年人感知觉的变化是比较早的，而且是最明显的。这普遍表现为视觉敏锐性、色觉、深度知觉都会随着年龄的增长而减退，老年人在 75 岁以后，这种减退现象更为明显；眼睛晶状体发黄会使色彩辨别能力下降，视野也会变得狭窄。听觉的减退始于中年，到老时，才会有听觉障碍。随着年龄的增长，老年人的嗅觉、味觉、触觉和痛觉也会减退，但减退程度很小，个体的差异较大。

老年人的身体机能随年龄的增长而衰退，如听力、视力和记忆力下降，反应速度变慢，言语表达困难，情绪控制能力变弱等。有的老年人在面对社会角色改变或生活突发事件时，会沉默寡言、不愿沟通；有的老年人则刺刺不休、坚持己见，无法客观冷静地听取他人的意见。

二、感知觉与沟通能力评估的工具

感知觉与沟通能力评估的工具包括评估用的辅助用具和感知觉与沟通能力评估表。

（一）评估用的辅助用具

表 4-8 为评估用的辅助用具。图 4-11 为具体的辅助用具示意图。

表 4-8　评估用的辅助用具

评估指标	辅助用具
感知觉与沟通能力	老花镜、近视镜、远视镜、助听器、测试用报纸

老花镜

助听器

测试用报纸

图 4-11　具体的辅助用具示意图

（二）感知觉与沟通能力评估表

表 4-9 为感知觉与沟通能力评估表。

表 4-9　感知觉与沟通能力评估表

1	意识水平	评估师通过直接观察、叫被测试者名字、轻拍被测试者，评估被测试者清醒与否	
		□分	3 分，神志清醒，能对别人的提问做出正确的反应（包括对无法说话者做出非语言的反应）
			2 分，嗜睡，表现为睡眠状态过度延长
			1 分，昏睡，一般的外界刺激不能使其觉醒，给予较强烈的刺激时可有短暂的意识清醒，清醒后可简短回答提问，当刺激减弱后又很快进入睡眠状态
			0 分，昏迷，处于浅昏迷时对疼痛刺激有回避和痛苦表情；处于深昏迷时对刺激无反应
2	视力	若平日戴老花镜或近视镜，应在光线充足、佩戴眼镜的情况下进行评估。如果被评估者不识字，可以用被评估者所在环境中的物品，如日历、钟表等为目标物进行评估；如果被评估者不能表达，可观察其反应或向照护者提问（仅限本人回答）	
		□分	4 分，能看清书报上的标准字体
			3 分，能看清楚大字体，但看不清书报上的标准字体
			2 分，视力有限，看不清报纸大标题，但能辨认物体
			1 分，辨认物体有困难，但眼睛能跟随物体移动
			0 分，没有视力或仅有光感，眼睛不能跟随物体移动
3	听力	若平时佩戴助听器，应在佩戴助听器的情况下进行评估（仅限本人回答）	
		□分	4 分，可正常交谈，能听到电视、电话、门铃的声音
			3 分，在轻声说话或说话距离超过 2 米时听不清
			2 分，正常交流有些困难，需在安静的环境或大声说话才能听到
			1 分，讲话者大声说话或说话很慢，才能部分听见
			0 分，完全听不见
4	沟通交流	包括非语言沟通（仅限本人回答）	
		□分	3 分，无困难，能与他人正常沟通和交流
			2 分，能够表达自己的需要及理解别人的话，但需要增加时间或给予帮助
			1 分，表达需要或理解有困难，需频繁重复或简化口头表达
			0 分，不能表达自己需要或理解他人的话
5	感知觉与沟通分级	□分级	0 能力完好：意识清醒，且视力和听力评为 4 分或 3 分，沟通交流评为 3 分。 1 轻度受损：意识清醒，但视力或听力中至少一项评为 2 分，或沟通交通评为 2 分。 2 中度受损：意识清醒，但视力或听力中至少一项评为 1 分，或沟通交流评为 1 分；或意识嗜睡，且视力或听力评定为 1 分及以上，沟通交流评定为 1 分及以上。 3 重度受损：意识清醒或嗜睡，但视力或听力中至少一项评为 0 分，或沟通交流评为 0 分；或意识昏睡/昏迷。

三、感知觉与沟通能力评估操作说明

案例分析

陈婆婆，92岁，既不识字又不会写字。她的感知觉与沟通能力评估结果如下：陈婆婆意识清醒，她表示不能看清报纸上的所有字体，但是知道评估师拿的是报纸。陈婆婆听力也不好，评估师需要很大声说话，陈婆婆才能大致听见说话的核心内容。评估师在与陈婆婆交流时，其语言表达速度很慢，偶尔会出现答非所问的现象。对于某些问题，陈婆婆需要评估师反复提示，才能理解。

请根据以上内容，评估陈婆婆的感知觉与沟通能力。

（一）评估场景

（1）感知觉与沟通能力能够在与老年人的日常沟通、聊天中进行判断，所以评估师可以不特意进行该项评估，而是在评估其他能力时对老年人的感知觉、沟通能力进行评估。

（2）在提问前，评估师可与老年人沟通交流，判断其是否能独自接受评估或须由主要照顾者代答。

（3）评估师可以采用聊天问答法进行评估。在老年人进入评估室时，评估师就开始与其聊天，同时评估老年人的听力和视力。例如，评估师可通过打招呼等方式来评估沟通能力和听力；通过与老年人握手来初步判断老年人的视力。

（4）如果房间里有电视，评估师可以询问老年人喜欢看什么电视，现在正在播放的是什么电视。如果房间里有时钟，评估师可以询问老年人现在几点了。评估师从日常生活方面去观察老年人的行为，可以了解老年人的视觉、听觉、理解与表达能力的部分。

（5）若老年人意识状态为嗜睡、昏睡，或者有视力或听力障碍，导致老年人无法听懂或无法回答问题，那么，评估表中有关询问老年人的题目，由主要照顾者代答，但如果题目标注“限老年人本人回答”，则代答者无须回答，评估者可备注老年人本人无法回答。

（6）评估意识水平时应注意非语言反应；若意识状态为“昏迷”，直接评定为重度失能，下面的项目可以不用评估。

（7）评估师应在老年人使用辅具的情况下评估老年人的实际能力，如佩戴老花镜、近视镜、助听器。

（8）对于有认知障碍的老年人，其评估的过程具有一定难度，评估师应按老年人的实际能力进行评估。

（二）指标解析

1. 意识水平

意识水平主要是指大脑的觉醒程度，中枢神经对内外环境刺激的反应能力，机体对自身、周围环境的感知、理解能力，可通过语言、躯体等行为表达的能力。

对外界环境的认知能力是指对时间、地点和人物的定向力、在具有定向力的前提下，人们才能进一步进行分析、综合、判断。

对自身的认知能力也就是自知力，包括对自己的姓名、性别、年龄、住址、职业等项目的确认。

意识障碍主要是指意识水平低下、减退或丧失，表现为意识清晰度的降低，意识范围的缩小及意识内容的变化。常见的意识障碍包括嗜睡、昏睡、昏迷（严重程度依次递增）。

意识水平的评估场景包括以下两点：

（1）仔细观察老年人的身心状态和意识状态，询问家属或照护人员，并结合评估实施日前一周老年人的实际状态，做出判断。

（2）可与老年人打招呼，若老年人无反应，评估师可轻拍老年人，并在对话过程中评估老年人是否清醒。

意识水平的评估注意事项包括以下四点：

（1）老年人虽然看起来是清醒的，但是在回答问题时出现答非所问、自言自语，或对问话无反应、对人事分不清楚的现象，则老年人的意识状态不能评估为3分。同时，评估师应加强老年人的认知功能评估。

（2）当老年人出现答非所问或不回答问题的现象时，评估师须判断老年人是因为想睡觉（嗜睡）而回答不对，还是认知能力减弱而回答不对。

（3）对于无法说话的老年人，非语言反应也算作清醒。

（4）如果无法准确判断老年人的意识状态，评估师也可使用“格拉斯哥昏迷量表（GCS）”对老年人进行分项评估，从而做出正确判断。

意识水平的选项说明如下：

第一种情况：3分（神志清醒）

老年人不用任何刺激，头脑即可清醒、明白，对问话能正确做出反应。

第二种情况：2分（嗜睡）

（1）处于睡眠状态，时间过度延长。

（2）当呼唤或者推动其肢体时可唤醒老年人。老年人的定向力完整，能够配合完成正确的指令，但老年人有注意力障碍，思考速度较慢。

（3）停止刺激后又继续进入睡眠状态。

（4）嗜睡是意识障碍的早期表现，常见于颅内压增高的病人。

第三种情况：1分（昏睡）

（1）处于较深的睡眠状态。

（2）一般的外界刺激不能使老年人觉醒，给予较强烈的疼痛或语言刺激时，老年人可有短暂的意识清醒，醒后可简单模糊地作答。

（3）当刺激减弱后，老年人又很快进入睡眠障碍状态。

第四种情况：0 分（昏迷）

（1）意识水平严重低下，是一种病理性睡眠障碍。

（2）对刺激无意识反应，无法被唤醒。

（3）昏迷可分为浅昏迷和深昏迷。浅昏迷是指老年人丧失大部分意识，对声、光刺激无反应，对疼痛刺激有肢体回避；有角膜反射、瞳孔对光反射、眼球运动和吞咽反射。深昏迷是指老年人完全丧失意识，全身肌肉松弛，对各种刺激完全无反应，一切反射均消失；生命体征不稳定。

2. 视力

视力是指视网膜分辨影像的能力，即在光线充足的环境下认识物体的能力。

辨认物体是指在光线充足的环境下，老年人是否能辨认出评估师所持的笔。

眼睛跟随物体移动是指在光线充足的环境下，老年人的眼睛是都可以跟着评估师的手指移动。

视力的评估场景包括以下五点：

（1）准备一张报纸和一本杂志作为评估工具。

（2）评估老年人在光线充足下看近物的能力。例如，观察老年人是否能阅读一般书报来评估老年人的视力。

（3）若老年人不识字，评估师可以利用评估室中的日历、时钟，询问老年人是否能得见。

（4）若老年人认知功能较弱，评估师无法与之进行有效的沟通。评估师可将手指放在平行于老年人视线的高度上，先向左移动手指，再向右移动手指，再根据老年人的眼球转动情况评分。若老年人的眼睛能准确跟随评估师的手指移动，则判定为“1 分”；若老年人的眼球不能转动，再根据是否能辨别颜色和形状来判断；若老年人不能辨别颜色和形状，则判定为“0 分”。

（5）若老年人有认知障碍，无法表达清楚，评估师可向照顾者咨询老年人的视力状况。

视力的评估注意事项包括以下四点：

（1）测量工具应放在老年人的水平视线上，距离老年人 30 厘米处。

（2）视野狭窄、缺失、失明、青光眼等疾病患者，也包含在本评估项目中。评估师可以在疾病状况评估中进行说明，从而为照护计划制订提供依据。

（3）老年人的表达不局限于口头回复，语言功能较弱的老年人可采用手语、书写、肢体语言等方式。

（4）若老年人平常佩戴视力矫正工具（如老花镜、近视镜、隐形眼镜等），评估师应在老年人佩戴视力矫正工具的情况下进行评估。

视力的选项说明如下：

第一种情况：4 分

（1）老年人能准确说出视力测量卡中带有“正常字体”标识区域中的字。

（2）不识字的老年人能准确认出日历上的日期。

第二种情况：3 分

（1）老年人能够准确说出视力测量工具卡中带有“较大字体”标识区域中的字，但不能准确说出视力测量工具卡中带有“正常字体”标识区域中的字。

（2）不识字者的老年人能看清楚日历上的大字，但看不清楚具体的日期。

第三种情况：2 分

评估师手持一支笔，平行地放在距老年人眼睛 30 厘米左右的位置。老年人能表达出“笔”这个关键词，但不能准确说出视力工具测量卡中带有“大字体”标识区域中的字。

第四种情况：1 分

（1）评估师手持一支笔，平行地放在距老年人眼睛 30 厘米左右的位置，老年人无法说出“笔”这个关键字。

（2）评估师将手指平行放在老年人视线的位置，距离 30 厘米左右，先向左移动手指，再向右移动手指，老年人的眼睛能准确跟随评估师的手指移动。

第五种情况：0 分

评估师将手指平行放在老年人视线的位置，距离 30 厘米左右，先向左移动手指，再向右移动手指，老年人的眼睛不能跟随评估师的手指移动。

视力的评估工具如图 4-12 所示。

视力测量工具卡　　手指示意图

图 4-12　视力的评估工具

3. 听力

听力是指启动听觉器官、接收语音信息的能力。

听力的评估场景包括以下三点：

（1）在前面的评估项目中，评估师通过与老年人的谈话即可评估听力，故该项可不作为单独评估项。

（2）评估师可观察老年人与其家人的交谈情况。有些老年人对熟悉的声音会有比较明显的反应，评估师可在旁边仔细观察，检验答案的准确性。

（3）在沟通交流时，老年人是否需要评估师说大声一点、慢一点或者打手势，老年人是否必须到特别安静的地方进行评估等，都是听力评估的依据。

听力的评估注意事项包括以下四点：

（1）老年人的表达不局限于口头回复，语言功能较弱的老年人可采用手语、文字、肢体语言等方式。

（2）如果老年人需要使用电子产品，评估师应提前调试好设备，做好准备工作。

（3）如果老年人平常佩戴助听器，评估师应在佩戴的情况下进行评估。

（4）如果老年人有语言障碍，无法进行正常的沟通，但是有人在其耳边较近处大声说话，虽然老年人无法给予正确的回应，但身体会做出一定的反应，则判定为 1 分。

听力的选项说明如下：

第一种情况：4 分

老年人能正常交谈、看电视、接电话。

第二种情况：3 分

老年人在嘈杂的环境下有听力障碍，需要别人大声说话才能听到。

第三种情况：2 分

老年人在安静的环境下，需要别人提高说话音量才能听到。

第四情况：1 分

老年人在安静的环境下，评估师需要大声说话或说话很慢，老年人才可听见部分内容。

第五情况：0 分

老年人丧失了听力能力。

4. 沟通交流

沟通交流是指老年人通过语言和非语言的行为来表达自己的需求、意见，参与交流，理解信息的能力。沟通交流包括表达能力（语言和非语言表达）和理解能力。

沟通交流的评估场景包括以下四点：

（1）在前面的评估项目中，评估师通过与老年人交流，即可评估老年人的表达和理解能力，故该项可不作为单独评估项。

（2）如果老年人说话缓慢，评估师可仔细观察，请老年人慢慢说，聆听老年人表达的意思，这样可以推断出老年人的表达与理解能力。

（3）如果老年人听得懂但无法用言语表达，评估师可以用文字与老年人交流，也可以通过指令等形式进行互动，判断老年人的表达和理解能力。

（4）如果老年人有听力障碍，无法和评估者进行语言沟通，但可以通过文字或动作指令等形式完成交流，那么老年人的理解和表达能力是健全的。

沟通交流的评估注意事项包括以下四点：

（1）老年人的表达不局限于口头回复。语言功能衰退的老年人可采用手语、文字、肢体语言等方式。

（2）有语言或听力障碍的老年人，无论其用何种方式，只要能够准确理解评估师发出的信息，并准确表达出自身的意愿即可。

（3）即使老年人不主动表达自己的想法、意愿等，但是面对评估师提问时，老年人能准确做出回答，即可判定为“0分，无困难，能与他人正常沟通和交流”。

（4）该项目的评估对象仅限被评估者本人，但评估师也可详细询问家属或陪同人员老年人在日常生活中的沟通交流情况，并结合老年人的评估表现，做出合理的选择判断。

沟通交流的选项说明如下：

第一种情况：3分

老年人能完整、清晰地讲完一件事，能够正确回应别人的提问。

第二种情况：2分

（1）老年人能用数句话表达一件事，但逻辑性不强或表达时间较长。

（2）老年人只能说出简单的句子及听懂简单的指令。

第三种情况：1分

（1）老年人仅能说出简单的词。例如，将“我要吃饭”说成“吃饭”，将“我要上厕所”说成“厕所”。

（2）老年人仅会说出单字，如“吃”可能表达的是吃饭，“水”可能表达的是想喝水。

第四种情况：0分

（1）老年人对于他人的话没办法理解且无法正确回应，或答非所问。

（2）完全无法表达（语言及非语言）。

第四节　老年人基本能力等级评估报告

老年人的基本能力等级评估包括3个一级指标，即自理和活动能力、认知能力、感知觉与沟通能力。根据基本能力等级评估标准，老年人的基本能力等级可划分为4个等级，即0级（能力完好）、1级（轻度失能）、2级（中度失能）、3级（重度失能）。

案例分析

陈婆婆，80岁，20天前在家里跌倒2次后，被送到阳光养老院。经过评估师评估，陈婆婆的自理和活动能力为1级，认知能力为3级，感知觉与沟通能力为2级。

请根据以上评估结果，评估陈婆婆的基本能力等级，撰写基本能力等级评估报告。

表4-10为老年人基本能力等级评估报告范例。

表4-10　老年人基本能力等级评估报告

一级指标分级	自理和活动能力：□级　　认知能力：□级　　感知觉与沟通能力：□级
老年人基本能力等级标准	(1) 0级（能力完好）：自理和活动能力为0级，认知能力为0级，感知觉与沟通能力为0级。 (2) 1级（轻度失能）：①自理和活动能力为0级，但认知能力为1级，或感知觉与沟通能力为1级；②自理和活动能力为1级，认知能力为0~1级，感知觉与沟通能力为0~1级。 (3) 2级（中度失能）：①自理和活动能力为2级，且认知能力、感知觉与沟通能力为0~1级；②自理和活动能力为1级，但认知能力、感知觉与沟通能力中至少一项的为2级；③认知能力、感知觉与沟通能力中任一项为3级。 (4) 3级（重度失能）：①自理和活动能力为3级，且认知能力、感知觉与沟通能力中至少一项为3级；②自理和活动能力为2级，但认知能力、感知觉与沟通能力中至少一项的为2级及以上
等级变更条款	(1) 处于昏迷状态者，直接评定为重度失能（若意识转为清醒，需重新进行评估）。 (2) 有认知障碍/痴呆、精神疾病者，在原有能力级别上提高一个等级。 (3) 近30天内发生过2次及以上跌倒、噎食、自杀、走失等意外事件者，在原有能力级别上提高一个等级
老年人基本能力等级	□ 0级：能力完好 □ 1级：轻度失能 □ 2级：中度失能 □ 3级：重度失能
评估师签名_______、_______　　日期_____年____月____日 信息提供者签名_______　　日期_____年____月____日	

第五节　老年人基本能力障碍的康复指导

老年人基本能力障碍包括自理和活动能力障碍、认知功能障碍、感知觉与沟通能力障碍。老年人的身体状况不同，其康复需求也不相同，康复训练的内容也不相同。因此，我们必须根据实际情况，综合各方面的因素，制订出个性化的康复指导方案或计划，开展有针对性的康复训练。

一、自理和活动能力障碍的康复指导

自理和活动能力障碍包括日常生活自理能力障碍和工具性生活自理能力障碍。以改善或恢复这些活动能力为目的而进行的一系列有针对性的训练，统称为日常生活自理和活动能力训练，这是老年人基本能力障碍康复治疗的重要内容。

自理和活动能力训练主要分为床上活动训练、转移活动训练、自我照顾训练、家务活动训练、社会活动训练五个方面。其训练内容如表 4-11 所示。

表 4-11　自理和活动能力的训练项目

训练项目	主要训练内容
床上活动训练	床上翻身：除某些伤病（脊髓损伤）有特殊要求外，一般卧床者应定时翻身，日间 2 小时 1 次，夜间 3 小时 1 次，交替采取仰卧位、左右侧卧位的翻身方式
	床上卧位移动：提高患者在床上的生活自理能力、移动能力和训练意识
	桥式运动：增强腰背部、臀部、大腿的肌力和肌耐力，提高骨盆的控制能力
	床上坐起与躺下：从卧位到坐位，从坐位到卧位进行反复训练
	床上坐位移动：进行重心转移训练，包括床上前后移动和左右移动
转移活动训练	站立与坐下：由坐位站起、由立位坐下及站立位的静态平衡和动态平衡训练
	床椅之间的转移：床与扶手椅、床与轮椅之间的转移
	轮椅训练：乘坐轮椅训练，轮椅、座椅、坐便器之间转移训练
	室内外行走：助行器或拐杖的使用训练，室内行走包括在地板行走及在水泥地面上行走。室外行走包括在水泥路面、碎石路面、泥土路面上行走，上下坡、上下楼梯等
自我照顾训练	更衣：穿脱不同样式的衣、裤、鞋、袜，上下肢功能训练，自助具使用训练，衣裤改造
	进食：吞咽动作训练、进食动作训练、上肢功能训练、自助具使用训练
	个人卫生（包括洗漱、修饰、大小便控制及便后清理等）：洗漱、修饰等各项动作训练、上肢功能训练、下肢功能训练、自助具使用训练
家务活动训练	家庭的日常生活事务训练：进行清洁卫生、烹饪、财务管理、使用电器等训练
社会活动训练	个人社会角色及适应行为和能力的训练包括上街购物、使用交通工具、到餐馆就餐、到公共场所娱乐及与他人沟通交流等训练

二、认知功能障碍的康复指导

认知功能障碍是大脑皮层及中枢神经系统功能受损，使得认识和获取知识的加工过程出现异常，从而引起定向力、记忆、计算、注意、思维等功能障碍。根据患者的功能障碍类型和生活、工作需要，我们应该为老年人选择有针对性的、有重点的训练方式。

1. 定向力训练

定向力训练是指每天对患者进行空间、时间等问答刺激，让老年人能区别上、下、左、右，知道自己所处的位置，能够分辨人物。

2. 记忆训练

记忆训练通过连想法、背诵法、分解-联合法、提示法进行记忆功能训练。老年人可以使用记忆辅助工具。记忆辅助工具包括日记本、时间表、手表、电子辅助物等多种记忆提示工具。

3. 计算训练

计算训练是指练习简单的加、减、乘、除计算题。在训练过程中，我们可以逐渐增加运算难度，以提高老年人的运算速度。我们可以将计算训练应用到实际的生活情境中，如计算家庭预算在房租、水电、伙食、服饰、文化娱乐、医疗保健等方面的支出是否合理。

4. 注意力训练

注意力训练的主要内容包括注意的广度训练、注意的维持与警觉训练（视觉划删训练、听觉注意训练、反应速度训练）、注意的选择性训练（视觉注意选择、听觉注意选择）、注意的转移训练、注意的分配训练等。

三、感知觉与沟通能力障碍的康复指导

感知觉与沟通能力障碍主要表现为老年人意识水平、视力、听力、沟通交流等方面出现部分问题。感知觉与沟通能力的康复训练项目围绕视力训练、听力训练、言语表达训练开展。根据老年人的功能障碍类型和生活、工作需要，我们应该为老年人选择有针对的、有重点的训练方式。

1. 视力训练

视力训练是指根据患者的不同状况选择合适的助视器，如老花镜、放大镜等。另外，我们可以通过改善周围环境来进行康复指导。除此之外，我们应对老年人进行视觉功能训练，更好地利用目前的视力功能，做好康复指导。具体的训练内容包括视觉的注视、认知、追踪、辨认等残余视力训练和提高事物感知和辨识能力的非视觉途径的视觉训练。

2. 听力训练

有听力障碍的老人应佩戴助听器。除此之外，其还必须进行听觉训练，使助听器更加适配。听觉训练包括声音察觉、分辨、识别和理解四个阶段。声音察觉是指让老人感觉到声音的存在，即声音的“有”或“无”。声音分辨是指分辨两组声音是否相同，即“一样”或“不一样”。声音识别是指在有选择或无选择的情况下，确认是什么声音。声音理解是指能明白所识别的字、词或句子。

3. 言语表达训练

言语表达训练主要包括口语理解训练、口语表达训练、言语失用训练、阅读训练、书写训练等。患有构音障碍的老人还应进行呼吸训练、下颌运动训练、口唇运动训练、舌肌训练、发音训练、克服鼻音化训练等。

第六节　养老服务建议

表 4-12 为养老服务建议。

表 4-12　养老服务建议

服务等级	0 级 能力完好	1 级 轻度失能	2 级 中度失能	3 级 重度失能
服务项目	1. 督促老年人洗头、理发、剃须、修剪指甲、沐浴。 2. 鼓励老年人集体用餐，为身体不适的老年人送饭菜，按需准备辅助用具。 3. 鼓励老年人适当活动，如打太极拳、太极扇、八段锦等。 4. 建立健康档案，执行 24 小时值班制度，按要求观察和记录老年人的身体情况；发现异常情况时进行紧急救护，及时安排就医并通知家属。 5. 提供健康咨询服务，定期组织健康知识讲座，开展各类娱乐活动，鼓励老年人参加活动及讲座。 6. 协助老年人对外联络。 7. 提醒老年人做好安全防护工作，防止噎食、误吸等意外事故的发生	1. 指导老年人洗脸、刷牙、梳头、理发、剃须、修剪指甲、洗脚等。 2. 定期指导老年人洗澡、洗头。 3. 指导老年人穿衣，并帮助其整理个人物品。 4. 引导老年人进食、饮水，为身体不适的老年人送饭菜。 5. 根据需求提供照护服务，在老年人进行床椅转移或户外活动时进行监护。 6. 提醒老年人如厕并根据需求适当协助，为便秘老年人做好通便护理。 7. 建立个人档案，进行慢病管理，执行 24 小时值班制度，按要求观察和记录老年人身体情况；发现异常情况时进行紧急救护，及时安排就医并通知家属。 8. 提供健康咨询服务，定期组织健康知识讲座，开展各类娱乐活动，陪同老年人参加活动及讲座。 9. 提供发药服务并提醒、督促老年人吃药。 10. 协助老年人对外通信联络，代为联系交通工具。 11. 指导老年人做一些适宜的康复训练，如日常生活活动能力训练和认知训练等，为行走不便的老年人提供临时使用的拐杖、轮椅和其他辅助用具。 12. 提醒老年人和照顾者做好安全防护工作，防止噎食、误吸等意外事故的发生	1. 协助老年人洗脸、刷牙、梳头、理发、剃须、修剪指甲、洗脚等个人卫生活动。 2. 定期协助老年人洗澡、洗头或擦身。 3. 协助老年人穿衣，并帮助其整理个人物品。 4. 协助老年人进食、进水，为身体不适期间的老年人送饭菜到居室。 5. 提醒老年人进行身体活动，变换身体体位；根据需求提供活动照料，协助老年人进行床椅转移或户外活动。 6. 协助老年人大小便，会阴部擦洗，为便秘老年人做好通便护理，协助大小便偶尔失禁的老年人排便、排尿，及时倾倒清洗尿壶、便盆并定期消毒。 7. 建立个人档案，实施慢病管理，执行 24 小时值班制度，按要求观察和记录老年人身体情况，发现异常情况进行紧急救护，及时安排就医并通知家属。 8. 帮助老年人保管、清理药品，每日分药、发药并监护老年人吃药。 9. 帮助老年人对外联络。 10. 督促老年人做一些适宜的康复训练，如日常生活活动能力训练和认知训练等，为行走不便的老年人提供临时使用拐杖、轮椅和其他辅助用具并看护老年人以防跌倒。 11. 向老年人和照顾者强调要做好安全防护工作，防止噎食、误吸等意外事故的发生	1. 帮助老年人洗脸、刷牙、梳头、理发、剃须、修剪指甲、洗脚等，必要时为老年人做好口腔护理。 2. 定期协助老年人洗澡、洗头或擦身。 3. 帮助老年人穿脱衣、裤、并帮助其整理个人物品。 4. 帮助老年人进食、进水，为老年人送饭菜并提供喂饭、喂水服务。 5. 帮助老年人变换身体体位，预防压疮。对发生压疮的老年人进行压疮护理；帮助老年人进行床椅转移或户外活动。 6. 帮助老年人如厕，及时清洗会阴部，倾倒和清洗尿壶、便器；帮助大小便失禁的老年人排便、排尿；及时更换尿布/尿袋，及时清洗会阴部，保持会阴部皮肤清洁；实施人工排便等。 7. 建立个人档案，进行慢病管理，执行 24 小时值班制度；按要求观察和记录老年人身体情况，发现异常情况进行紧急救护，及时安排老年人就医并通知家属。 8. 帮助老年人保管、清理药品，每日分药、发药并按时喂药。 9. 帮助老年人对外联络。 10. 帮助和督促老年人做一些适宜的康复训练，如肢体运动和认知训练等；为行走不便的老年人提供临时轮椅和其他辅助用具并有专人陪护。 11. 向老年人和照顾者强调要做好安全防护工作，防止噎食、误吸等意外事故的发生

思考题

1. 简述老年人基本能力等级评估的内容。

2. 如何准确判定老年人的基本能力等级？

3. 老年人基本能力等级评估的核心指标是什么？

4. 简述日常生活自理能力、感知觉与沟通能力的评估指标和辅助工具。

5. 如何准确使用日常生活自理能力评估表、工具性生活自理能力评估表、感知觉与沟通能力评估表、认知能力评估表？

参考文献

[1] 田兰宁. 老年人能力评估基础操作指南［M］. 北京：中国社会出版社，2016.

[2] 王玉龙. 康复评定技术［M］. 北京：人民卫生出版社，2018.

[3] 杜丽侠，杨逸彤，王常颖，等. 从日常生活活动能力视角看上海市老年照护需求［J］. 中国卫生资源，2016，19（1）：61-64，69.

[4] 刘祚燕，吴琳娜，胡秀英. 老年住院患者日常生活活动能力影响因素研究［J］. 四川大学学报（医学版），2015，46（2）：311-314.

[5] 马月利，杨娟玉，张黎明. 以日常生活活动能力分级测算老年无陪护病区基础护理时间需求的研究［J］. 中国护理管理，2014，14（2）：175-177.

[6] 陈任，秦侠，马颖，等. 农村社区老年人日常生活活动能力与老年痴呆症患病率的关系研究［J］. 中国全科医学，2010，13（33）：3785-3786，3789.

[7] 赵雅宜，丁亚萍，李现文，等. 老年人能力等级的分类与判定［J］. 中国卫生统计，2015，32（6）：1017-1019.

[8] 夏梦涵，虞仁和，张孟喜，等. 老年人能力筛查评估指标体系构建研究［J］. 中国全科医学，2018，21（5）：580-584.

[9] 王燕君，桂前，张沁，等. 养老机构老年人能力状况及影响因素研究［J］. 中国全科医学，2019，22（4）：468-472.

[10] 郭红艳，王黎，王志稳，等. 老年人能力等级划分方式的研究［J］. 中国护理管理，2013，(9)：35-38.

[11] 肖文文，尹莉，谢红. 老年人照护服务等级划分模型的构建［J］. 中华护理杂志，2019，54（9）：1385-1389.

[12] 程蕾. 国内外养老需求评估实践现状比较及其启示 [J]. 中国医药导报，2019，16 (15)：153-156.

[13] 中华人民共和国国家质量监督检验检疫总局，中国国家标准化管理委员会. 养老机构基本规范：GB/T29353-2012 [S]. 北京：中国标准出版社，2013.

[14] 李玮彤，徐桂华. 老年人照护需求综合评估研究现状及进展 [J]. 中国全科医学，2018，21 (27)：3290-3295.

第五章　疾病状况评估

学习目标

1. 掌握疾病评估的方法和步骤
2. 掌握疾病状况评估的内容
3. 熟悉疾病状况评估的注意事项
4. 熟悉老年人常用药物的基础知识
5. 了解疾病状况评估的目的
6. 了解老年人的生理特点
7. 具有正确评估疾病状况等级的能力

疾病状况评估是养老机构评估的重要项目。养老机构通过评估，了解老年人的疾病情况，判定老年人的风险等级，针对不同老年人制订个性化的照护计划，同时规避照护的风险。

第一节　老年人的生理特点

中国人口老龄化问题日益加剧，因此，提高对老年人健康状况的关注度迫在眉睫。面对人口老龄化的问题，老年医学遇到前所未有的挑战。老年期的典型特征就是“老”，进入老年期，人的老化最明显地体现在生理方面，这种生理特征的变化不仅体现在外观形态上，而且体现在人体内部的细胞和各大系统的变化上，而生理特征的变化也易引发许多疾病。因此，我们首先需要了解和学习的是老年期人体生理特征的各种变化。

一、身体老化

老年人须发变白，脱落稀疏；皮肤变薄，皮下脂肪减少，出现皱纹；牙龈组织萎缩，牙齿松动脱落；骨骼肌萎缩，骨钙丧失或骨质增生，关节活动不灵活；身高随着年龄增长而降低（身高在35岁以后每10年降低1厘米），出现弯腰驼背的体态；指距随着年龄增长而缩短；语速变慢、耳聋眼花、手指发抖、出现运动障碍等。需要特别说明的是，上述这些变化会因为个体的健康状况、精神状态、生活质量的不同而出现差异。

二、细胞组织、器官萎缩

研究显示，细胞数量的减少是衰老的主要原因。

三、储备力下降

在正常情况下，人体各器官均有一定的机能储备以应对各种紧急情况。老年人的肌肉、心脏、肺部等储备力较年轻人更差，所以老年人在快步行走或活动量较大时会出现气短、心悸等不适感。老年人的心脏血流量较年轻人少35%，因此，老年人遇到一些额外负荷（如寒冷、发热、疲劳、感染等）时，常会发生心绞痛、心肌梗死、心力衰竭等现象；而在同样的负荷下，年轻人则完全可以承受外界的环境变化。所以，老年人的机能储备力变差是机体易感性增加的原因之一。

四、适应能力降低

老年人对环境的适应能力大大降低。人体对外部环境的抵抗力包括免疫防御、自稳、监视等免疫机能和对高温、寒冷、创伤、射线、疲劳等非特异伤害性刺激的承受能力。老年人的抵抗力大大减弱，适应环境的能力变差，因此老年人疾病的易感性大大增加，这是老年期感染性疾病、肿瘤等常见病的发病基础。

五、反应迟钝，活动能力下降

老年人的各种感觉器官的结构与功能都有不同程度的衰退，如记忆力下降，体力减弱，运动的灵敏性、准确性降低等。老年人反应迟钝、活动能力变差，稍有不慎便会发生跌倒、骨折等意外事故。

第二节 老年病和老年病人的特点

一、老年病的特点

与中、青年病相比，老年病有以下特点：

（一）疾病谱

老年人所患疾病的疾病谱与中、青年人的有所不同。随着年龄的增长，老年人容易患退行性疾病。老年人常常患慢性病，尤其是慢性心脑血管病，如冠心病、高血压、脑动脉硬化症等。老年人患肿瘤类疾病的概率也较高。老年人的重要器官功能会出现隐性衰退现象，一旦患病很容易引发器官功能衰竭。

（二）病情

1. 发作期

老年病人的基础疾病多，且脏器功能基础状况差，容易发生并发症，尤其容易发生意识障碍、心肺功能衰竭。老年病人治疗效果较差。

2. 恢复期

老年病人的抵抗力差，组织器官的修复和愈合过程缓慢。因此老年病的康复都较缓慢，而且容易留下后遗症。

二、老年病人的特点

（一）老年人的增龄变化

老年人的细胞数量减少，功能退化。老年人积累的各种致病因素，会引起慢性炎症反应和氧化反应，进一步加大重要器官的增龄变化。例如，老年人咽部肌肉活动减少，容易发生吞咽障碍和误吸。老年人肌力减退、关节强直、肢体动作笨拙、平衡力差和骨密度低，都容易使其跌倒，而且容易骨折。

（二）合并症和合并症用药

老年病人往往有许多合并症。合并症会影响治疗方案的制定，如患有合并肝肾疾病的病人要慎用甚至禁用许多药物。在治疗期间，老年人的合并症的情况可能会恶化，我们必须引起重视并调整相应的治疗方案。合并症的治疗药物可能与主诉相关疾病的治疗药物发生负性相互作用。

（三）药物代谢动力学特点

老年人对于胃肠道类药物的吸收力减弱，对肌内注射的药物吸收的速度也较慢。水溶性药物在老年人体内的分布容积减少，使得其血液浓度增大；而脂溶性药物在其体内分布容积增加。老年人的肝脏药物代谢酶的活性降低，这使得药物在肝脏的代谢能力减弱，血药浓度增高，药物半衰期延长。老年人的肾功能的减退使药物通过肾脏的排泄速度变慢。因此，我们对老年病人制定和修改药物治疗方案时，必须注意上述药物代谢动力学的特点，并进行相应的调整。

（四）认知和执行能力

老年人的认知能力减退，其可能无法充分理解医护人员的嘱咐。老年人记忆力较差，忘记或遗漏对医疗行为的配合；也可能由于执行能力较差而无法严格、规范地执行医嘱，影响了检查和治疗的依从性。

(五)社会人文特点

老年人的经济收入较中、青年人的有所减少，所获得的社会支持也不如以前。老年人比中、青年人更关注健康状况。老年人尤其是老年慢性病人更容易忧郁、焦虑、悲观，容易有失落感、自卑感和孤独感。

第三节 疾病状况评估的医学基础知识

一、生命体征

生命体征包括体温、脉搏、呼吸、血压，是疾病状况评估必备的评估项目。生命体征是维持机体正常活动的支柱，缺一不可。不论哪项生命体征异常都会导致严重或致命的疾病。同时，某些疾病也可导致这四大体征的变化或恶化。因此，判断它们正常或异常对于评估一个老年人的健康状况是非常重要的。

(一)体温

人体内部的平均温度称为体温。保持恒定的体温，是保证新陈代谢和生命活动正常进行的必要条件。体温是物质代谢并转化为热能的产物。评估者可以通过电子体温计或水银体温计测量老年人的腋下体温，正常人的腋下体温为36℃~37℃。

(二)脉搏

脉搏是指人体表可触摸到的动脉搏动。正常成人在安静、清醒的情况下脉搏次数为60~100次/分。低于正常值为心动过缓(也可见于运动员、老年人和熟睡时)，超过正常值为心动过速。

(三)呼吸

呼吸是指机体与外界环境之间气体交换的过程。正常的呼吸频率为12~20次/分。老年人的呼吸频率较年轻人会更快。

(四)血压

血压是指血液在血管内流动时，作用于单位面积血管壁的侧压力，它是推动血液在血管内流动的动力。正常血压为：90mmHg<收缩压<140mmHg、60mmHg<舒张压<90mmHg，超过正常值为高血压，低于正常值为低血压。

二、临床常见疾病

临床常见疾病包括睡眠障碍、高血压、冠心病、哮喘、肺心病、慢性阻塞性肺疾病(COPD)、糖尿病、高脂血症、类风湿性关节炎、痛风、骨质疏松、阿尔茨海默病、肺结核、乙肝、恶性肿瘤等。

（一）睡眠障碍

睡眠障碍是指睡眠量不足以及睡眠中出现的异常行为，或是指睡眠和觉醒的正常节律性交替紊乱的表现。睡眠障碍的出现与多种因素有关，常表现为入睡困难、不能熟睡、多梦、早醒或睡眠维持障碍、睡眠时间缩短。睡眠障碍在老年人群中普遍存在。虽然睡眠障碍不会直接威胁生命，但是可能造成焦虑、情绪不稳定、烦躁不安、精神疲乏等，会使得人体免疫功能下降、神经内分泌功能紊乱，增加慢性疾病包括高血压、糖尿病等疾病的风险，或者加重原有的基础疾病，影响老年人的生活质量以及其他疾病的恢复。

（二）高血压

在未使用降压药的情况下，收缩压达到或超过 140mmHg 和（或）舒张压达到或超过 90mmHg 为高血压。患者有高血压病史且正在使用降压药，其血压虽然低于 140/90mmHg，也应该诊断为高血压。高血压主要的临床表现为头痛、头晕、头胀、乏力、失眠、工作能力下降等，可伴有心、脑、肾等器官的功能或器质性损害的临床综合征。高血压是最常见的慢性病之一，也是诱发心脑血管病最主要的因素。

（三）冠心病

冠状动脉粥样硬化性心脏病简称“冠心病”，有时又被称为缺血性心脏病。冠心病是由于冠状动脉血管发生动脉粥样硬化而使管腔狭窄或阻塞，导致心肌缺血、缺氧或坏死而发生的心脏病，是动脉粥样硬化导致器官病变最常见的疾病类型。冠心病主要的临床表现为突然发生位于胸骨体上段或中段之后的压榨性、闷胀性或窒息性疼痛，冠心病的疼痛亦可能波及大部分心前区，可放射至左肩、左上肢前内侧，达环指和小指。严重的患者伴有出汗和濒死感。

（四）支气管哮喘

支气管哮喘是一种以慢性气道炎症为特征的异质性疾病，具有喘息、气促、胸闷和咳嗽的呼吸道症状，伴有可变的呼气气流受限，呼吸道症状和强度可随着时间而改变。支气管哮喘的典型症状为反复发作的喘息、气急、胸闷和咳嗽等症状，多与接触变应原、冷空气、化学性刺激、感染、运动等有关。支气管哮喘的症状多在夜间发作或加重，严重者可在短时间内出现严重的呼吸困难和低氧血症。此类症状常伴有广泛而多变的气流阻塞，可以自行或通过治疗而逆转。

（五）慢性肺源性心脏病

慢性肺源性心脏病，是由肺组织、胸廓或肺动脉系统病变而引起的肺动脉高压，伴有或不伴有右心衰竭的一类疾病。慢性肺源性心脏病的主要临床表现为慢性咳嗽、咳痰或哮喘史，逐步出现乏力、呼吸困难。肺组织损害程度过大可能会引起缺氧、二氧化碳滞留、呼吸和（或）心力衰竭。

（六）慢性阻塞性肺疾病

慢性阻塞性肺疾病（COPD）是一组具有持续气流受限特征的疾病，气流受限不完全可逆，呈进行性发展。慢性阻塞性肺疾病与肺部对有害气体或有害颗粒的异常炎症反应有关。慢性阻塞性肺疾病常出现在秋冬寒冷季节。慢性咳嗽、咳痰通常是慢性阻塞性肺疾病的首发症状。咳痰为白色泡沫痰或黏液性痰，合并感染时痰量增多。气促或呼吸困难是典型症状。病人在早期的症状较轻，后逐渐加重，以致日常活动甚至休息时也感到气促。随着病情的发展，病人在后期会出现低氧血症和高碳酸血症，可并发慢性肺源性心脏病和右心衰竭。

（七）糖尿病

糖尿病是由遗传和环境因素共同作用而引起的一组以慢性高血糖为特征的代谢性疾病。高血糖则是由于胰岛素分泌失常或其生物作用受损而引起的。糖尿病的常见症状有多饮、多尿、多食和体重减轻、乏力等。长期患有糖尿病可能会引起多系统损害，特别是眼、肾、心脏、血管、神经的慢性损害、功能障碍。糖尿病是一种慢性终身疾病。

（八）高脂血症

高脂血症表现为血清中胆固醇和甘油三酯过高，可直接引起一些严重危害人体健康的疾病，如动脉粥样硬化、冠心病、胰腺炎等。该病与遗传及不健康的饮食和生活习惯有关，无明显症状，常在体检或有并发症出现时才被发现。

（九）类风湿性关节

类风湿性关节是一种免疫炎性疾病，以慢性、对称性、多关节炎和关节外病变为主要临床表现。该病可发生在任何年龄段，女性较为多见。晨僵是本病最早出现的症状，常在关节疼痛前出现，还表现为关节肿痛、关节畸形以及关节功能障碍等。

（十）痛风

高尿酸血症可能会引起尿酸盐结晶析出，尿酸盐结晶将在关节腔和其他组织中沉积，从而导致痛风性关节炎，出现关节红、肿、热、痛等现象，甚至引发尿酸性肾病、痛风结节等。这是一个需要长期管理的疾病。

（十一）骨质疏松

骨质疏松是一种以骨量降低和骨组织微结构破坏为特征而使骨脆性增加的代谢性疾病。骨痛是该病最主要和最常见的症状，可表现为全身骨骼疼痛，尤以腰背痛最为常见。同时，骨折也可引起疼痛。骨折是骨质疏松的并发症，可见于任何部位，但多发生于受压最大的部位，如髋部。

（十二）阿尔茨海默病

阿尔茨海默病是一种起病隐匿的进行性发展的神经系统退行性疾病。该病在临床上以记忆障碍、失语、失用、失认、视空间功能损害、执行功能障碍以及人格和行为改变等全面性痴呆表现为特征，病因迄今未明。阿尔茨海默病的常见症状为记忆力减退，尤其是记不清近期发生的事情以及不认识人等。

（十三）肺结核

结核病是由结核分枝杆菌引起的慢性传染病，以肺结核最为常见。排菌者为其重要的传染源。肺结核的临床表现可分为全身和呼吸系统两方面，这两方面表现均无特异性，全身表现主要是毒性症状。肺结核起病缓慢，病程较长，伴有低热、食欲不振、盗汗等症状，多数患者无明显症状，经检查可被发现。呼吸系统症状表现为咳嗽、咳痰，慢性咳嗽，咯血、胸痛、呼吸困难。

（十四）恶性肿瘤

肿瘤是机体中正常细胞在不同因素作用下，异常增生所形成的新生物。癌是指起源于上皮组织的恶性肿瘤，是恶性肿瘤中最常见的一类。肿瘤的发生与吸烟、感染、职业暴露、环境污染、不合理膳食、遗传因素等密切相关。早期恶性肿瘤无明显全身症状，或仅伴有贫血、低热、消瘦、乏力等症状。恶性肿瘤的局部表现为肿块、疼痛、溃疡、出血、梗阻以及浸润与转移。恶病质是恶性肿瘤晚期全身衰竭的表现。

第四节　老年人常用药物基础知识

一、老年人用药特点

随着年龄的增长，老年人的生理功能减退，对药物的吸收、代谢能力下降。同时，老年人往往因为多病共存、多科室就诊而需要服用多种药物，这使得老年人用药具有相互作用增多、药物不良反应率增高、药物依从性低和卫生资源消耗增加等特点。

二、老年人的用药原则及注意事项

（一）明确药物使用适应症

在用药前，我们须充分了解老年患者的病史及现用药的情况，明确药物的使用适应证，选择有针对性的药物，不盲目治疗。

（二）避免用药

可不用药物治疗的疾病优先采用非药物手段进行干预。例如，如果老年患者多失眠，可以通过改变生活习惯、提高生活环境质量等手段减轻患者的症状。

（三）个体化原则

药物治疗效果因人而异，我们应在综合考虑老年人生理、病理特征及当前服药情况等情况的基础上制定安全、合理、有效、经济的药物治疗方案。

（四）小剂量用药原则

在正确诊断的基础上，我们应该根据老年患者的年龄、生理功能情况进行具体分析，遵循最小起始量、最小有效剂量的原则给药，以达到消除病因、缓解症状、减少药物不良反应的目的。

（五）五种药物原则

老年患者一般有多系统或器官的疾病，常采用多药物治疗，这不仅加重了患者的经济负担，降低了服药依从性，而且易产生药物的不良反应。当患者用药超过五种时，我们需考虑用药的依从性和药物的不良反应等问题。

（六）择时原则

根据时间药理学选择最符合老年患者机体的时间进行治疗。例如，健胃药、胃肠解痉药、抗酸药等应在饭前服用，二甲双胍、铁剂、某些抗生素应在饭后服用。

（七）暂停用药原则

老年人发生药物不良反应的概率高、危害大。如果老年人在用药期间出现新症状，应该首先考虑是否发生药物不良反应。若发生了药物不良反应，暂停用药是最简单、最有效的处理措施。

（八）科学停药原则

长期用药会增加肝脏、肾脏的负担，造成药物不良反应。老年常见病多难以治愈，老年人应遵循医嘱使用药物并及时进行调整，若无必要长期服用的药物应及时停药。

（九）减少和控制滋补药和抗衰老药

滋补药和抗衰老药对老年人有一定的保健作用，但切忌用药过多，否则会适得其反。

三、老年人的常用药物

随着年龄增长，人体各器官、组织也渐渐老化。老化导致各系统自我调节能力下降、易损性增加，致使各系统疾病发病率提高。常见的老年疾病有心血管系统类疾病（如高血压和冠心病）、呼吸系统的慢性阻塞性肺疾病、内分泌代谢系统的糖尿病和高脂血症等。对于这些疾病，我们最常用的治疗措施是药物治疗。因此，老年人的常用药物主要包括心血管类药物、呼吸系统类药物、内分泌系统类药物、抗精神病类药物。表 5-1 为老年人常用药物列表。

表 5-1　老年人常用药物列表

疾病系统	常见疾病	常用药物	
循环系统疾病	高血压	硝苯地平 氢氯噻嗪 替米沙坦 普萘洛尔	氨氯地平 卡托普利 贝那普利
	冠心病	阿司匹林 单硝酸异山梨酯 硝酸异山梨酯 卡托普利 维拉帕米	氯吡格雷 硝酸甘油 曲美他嗪 卡维地洛 替格瑞洛
呼吸系统疾病	慢性阻塞性肺疾病	盐酸氨溴索 噻托溴铵 氨茶碱 可待因 厄多司坦	特布他林 右美沙芬 沙丁胺醇 N–乙酰半胱氨酸
	支气管哮喘	沙丁胺醇 福莫特罗 噻托溴铵 醋酸泼尼松 色甘酸钠 奥马珠	特布他林 氨茶碱 丙酸倍氯米松 孟鲁司特 尼多酸钠 酮替芬
内分泌代谢疾病	糖尿病	格列吡嗪 二甲双胍 艾塞那肽 胰岛素	瑞格列奈 阿卡波糖 西格列汀
	高脂血症	辛伐他汀 普伐他汀 考来替泊	阿托伐他汀 吉非贝齐 阿昔莫司
	骨质疏松	骨化三醇 维生素 K2（四烯甲萘醌） 雷洛昔芬 阿仑磷酸钠	钙剂 鲑鱼降钙素
	痛风	苯溴马隆 秋水仙碱 布洛芬 丙磺舒	别嘌醇 吲哚美辛 非布索坦 磺吡酮

表5-1（续）

疾病系统	常见疾病	常用药物
神经系统疾病	阿尔茨海默病	奥拉西坦　尼麦角林 银杏叶制剂　安理申 艾斯能　盐酸美金刚 多奈哌齐　丙戊茶碱
精神疾病	睡眠障碍	艾司唑仑　唑吡坦 三唑酮　佐匹克隆 地西泮　瑞美替昂
传染性疾病	肺结核	异烟肼　利福平 吡嗪酰胺　乙胺丁醇 左氧氟沙星　利福喷汀 链霉素

第五节　疾病状况评估的操作

一、疾病状况评估的工具

（一）疾病状况评估的辅助用具

疾病状况评估的辅助用具如表 5-2 所示。

表 5-2　疾病状况评估的辅助用具

评估指标	辅助用具
疾病状况评估	基本信息表的收集结果 体检报告单 医院资料

（二）疾病状况评估表

疾病状况评估表如表 5-3 所示。

表 5-3　疾病状况评估表

一类疾病	心血管系统	□冠状动脉粥样硬化性心脏病　□高血压病　□心脏瓣膜病　□心律失常（一般性）　□心力衰竭（Ⅰ~Ⅱ级） □主动脉瘤　□动脉粥样硬化/动脉狭窄　□心肌疾病 其他：
	呼吸系统	□慢性支气管炎　□慢性阻塞性肺疾病　□肺气肿　□支气管哮喘 □支气管扩张　□肺结核　□间质性肺疾病 其他：
	代谢和内分泌系统	□甲状腺功能亢进/甲状腺功能减退　□糖尿病　□类风湿性关节炎 □营养不良（轻中度）　□高尿酸血症和痛风　□骨质疏松症 □代谢综合征　□高脂血症 其他：
	消化系统	□胃食管反流病　□慢性胃炎　□消化性溃疡　□肝硬化　□胰腺炎 □上消化道出血　□缺血性肠病 其他：
	骨/关节/脊柱	□骨折（下肢、上肢）　□关节炎　□颈椎病　□腰椎病　□退行性骨关节病 其他：
	神经系统	□帕金森综合征　□癫痫　□脑出血 /脑梗死　□后循环缺血　□抑郁症（轻型） 其他：
	泌尿生殖系统	□慢性肾功能不全（非尿毒症期 ）　□前列腺疾病 □肾血管疾病 □肾间质病变 其他：
	血液系统	□贫血　□出血与凝血疾病 其他：
	肿瘤	□肿瘤早期　□肿瘤中期
	其他：	
二类疾病		□肿瘤（晚期）　□心律失常（严重）　□压疮　□慢性心力衰竭（心功能Ⅲ~Ⅳ级）　□慢性肾功能衰竭（尿毒症期）　□多器官功能衰竭 □营养不良（重度）　□肺心病（心功能Ⅲ~Ⅳ级）　□呼吸衰竭 □脑血管意外合并吞咽障碍　□主动脉夹层 其他：
疾病状况分级	□级	0 级：无上述第一、第二类疾病
		1 级：患有 1~2 种第一类疾病
		2 级：患有 3 种及以上第一类疾病
		3 级：患有第二类疾病

二、疾病状况评估的操作说明

（一）评估场景

（1）查询评估申请书和基本信息表、体检报告单的疾病史。

（2）现场观察老年人的疾病情况，初步判断老年人的疾病，如气喘、咳嗽。

（3）让老年人自己主述患有哪些疾病，评估师则可以直接勾选，同时确认该疾病是否有“经医师诊断”。老年人需提供诊断证明书，最近一次住院的资料、处方签、目前的用药等资料。

（4）若老年人有认知障碍，评估师则可以询问其家属，可以先问是否有某种疾病再问其病史。

（5）机构医师可以对老年人进行简单的检查，判断有无相关疾病。

（二）评估的注意事项

（1）评估师在评估老年人疾病情况时，一定要先核实信息的准确性，这对老年人的照护起着重要作用。

（2）疾病状况评估可从体检报告、老年人自述、家属阐述、机构医生检查等方面进行综合评估。

三、疾病状况评估的步骤

图 5-1 为疾病状况评估的步骤。

图 5-1　疾病状况评估的步骤

（一）第一步：查阅资料

评估师查询老年人的基本信息表、体检报告单、医院资料的疾病情况；对照疾病状况评估表，在相应的疾病前的方框里打钩。

（二）第二步：询问家属及老年人

评估师再次通过访谈的方式，询问老年人本人或家属，患有哪些疾病；将询问结果记录在疾病状况评估表上。

（三）第三步：必要的体格检查

评估师结合自身工作的经验和专业知识，发现通过查阅资料和询问的方式获取的信息不全面或不准确时，可以建议让机构医师对老年人进行必要的体格检查及相关的医学诊断。

第六节　养老服务建议

根据疾病状况评估，我们可以针对不同的疾病等级提供不同的照护服务。表 5-4 为养老服务建议。

表 5-4　养老服务建议

服务项目	0 级 无第一、二类疾病	1 级 患有 1~2 种第一类疾病	2 级 患有 3 种以上第一类疾病	3 级 患有第二类疾病
照护服务	建立健康档案； 预防疾病和保健知识宣传； 常见病的健康指导及健康宣传； 查房 2 次/天	建立个人档案，提供慢病管理服务； 常见病和慢性病的健康指导及健康宣传； 提供给药或喂药服务和必要的专业护理服务； 提供送医服务； 查房 3 次/天，测体温、脉搏、血压	建立个人档案，提供慢病管理服务； 常见病和慢性病的健康指导及健康宣传； 提供给药或喂药服务和必要的专业护理服务； 提供送医服务； 每 4 小时查房 1 次，测体温、脉搏、血压； 进行康复训练	建立个人档案，提供慢病管理服务； 提供喂药服务； 生命体征监测、床旁护理、记录每日进食量、尿量； 提供专业护理服务、送医服务； 每 2 小时查房 1 次； 进行康复训练； 提供临终照护服务

思考题

1. 简述老年人的生理特点。
2. 简述疾病状况评估的步骤。
3. 如何准确使用疾病状况评估表进行疾病状况评估？
4. 简述疾病状况评估的注意事项。

参考文献

［1］林果为，王吉耀，葛均波．实用内科学［M］．北京：人民卫生出版社，2017.
［2］刘洋，刘铁英，任国锋．临床医学概论［M］．武汉：华中科技大学出版社，2019.

[3] 王平，汪洋，蔡涛. 老年康复［M］. 武汉：华中科技大学出版社，2020.

[4] 林晓影. 老年人的生理特点及营养支持的研究进展［J］. 食品安全质量检测学报，2019，10（19）：6598-6602.

[5] 刘美霞，刘龙涛，李浩，等. 适合老年人生理病理特点的药膳应用［A］. 中国药膳研究会，2016：2.

[6] 杨馥霞，魏文石. 老年人常见慢性疾病与认知功能障碍的关系［J］. 中华老年医学杂志，2020，39（10）：1227-1230.

[7] 刘苹，包晓萍，刘康敏. 同伴对老年人慢性阻塞性肺疾病患者自我管理及生活质量的影响研究［J］. 中国预防医学杂志，2020，21（6）：641-645.

[8] 李仕军. 老年人常见心理疾病及特点［N］. 大众健康报，2020-07-08.

[9] 汤龙，陈雪婷，郑拯，等. 我国老年人照护现状及其常见疾病分析［J］. 医学信息，2020，33（11）：21-26.

[10] 王琇. 浅谈对老年人常见慢性疾病健康宣教的必要性［J］. 智慧健康，2019，5（31）：19-20.

[11] 王辰，王建安. 内科学［M］. 北京：人民卫生出版社，2015.

第六章　老年人心理状况评估

学习目标

1. 掌握老年人心理状况的相关内容
2. 掌握老年人心理评估报告的撰写
3. 熟悉老年人心理评估的注意事项
4. 熟悉老年人的心理特点
5. 了解老年人心理评估的目的和意义
6. 了解不同心理状况等级的养老服务建议
7. 具有正确使用量表开展老年人心理状况评估的能力

随着年龄的增长，老年人的身体状况会越来越差，机体、各脏器都逐渐老化，如出现行动不便、视力听力下降、免疫力下降等问题。身体状况的变化也会引发老年人的心理健康问题，如感知觉下降、情绪不稳定、记忆力下降、性格改变、意志异常。因此，养老机构实施老年人心理状况的评估对制订照护计划有着重要的作用，能够体现养老服务的全面性，也可以为养老机构规避一定的风险。老年人心理状况评估包括抑郁状况评估和焦虑状况评估，其中以抑郁状况评估指标为核心指标。

第一节　老年人心理状况概述

一、老年人心理变化特点

老年人有自己独有的心理特点，清楚认识老年人的心理特点有助于老年人心理状况评估工作的开展。本书主要从感觉、记忆、情绪、人格方面对老年人的心理特点进行描述。

（一）感觉

感觉包括视觉、听觉、嗅觉、味觉、触觉等内容。我们主要从最常见的视觉和听觉两方面介绍老年人感觉的变化。

1. 视觉

老年人视力的退行性变化非常明显，但个体差异很大。有些人在中年时期或在老年前期，就出现了老花眼的症状，但也有少数人在六七十岁以后，在读书写字时也不需要佩戴老花镜。老年人的视觉老化主要表现在以下方面：看近物、在较暗光线下看东西和辨别颜色比较困难，视力下降等。这些变化会对老年人的自信心以及日常行为产生一定的影响。

2. 听觉

有听觉缺陷的老年人比较多。最常见的听觉老化就是重听，即老年人出现耳聋或耳背症状，这其实就是听力下降所引起的重听。由于听力下降，老年人的自我效能感降低，孤独感增加，与之交流的人也比听力正常时减少。

（二）记忆

记忆是过去经验在人的头脑中的反映，主要包括识记、保持、回忆三个过程。根据材料保存时间的长短，记忆又可分为瞬时记忆（保持时间为0.25~2秒，鲜明印象，但很快就消失）、短时记忆（保持时间为1分钟以内）和长时记忆（保持时间为1分钟以上，直至多年，甚至终生不忘）。老年人的瞬时记忆和年轻人相差不大，短时记忆明显比年轻人差，长时记忆保持良好。

整体来说，老年人的记忆能力随着年龄的增加而减退，但是在减退出现的时间、速度、程度等方面存在很大的个体差异。同时，老年人的记忆具有一定的可塑性。我们采取适当的干预措施，可以帮助老年人在一定程度上提高记忆能力。

（三）情绪

情绪对健康的影响是非常大的。老年人作为一个特殊的群体，其情绪有独特的特点。由于生理老化、社会角色改变、社会交往减少以及心理机能变化等主客观原因，老年人经常会产生消极情绪。

1. 衰老感和怀旧感同现

衰老感是指个体面临正常生理衰老现象而产生“老了不中用”的心理体验。衰老感使老年人受消极自我暗示的影响，会加剧其大脑功能的衰老甚至病变。

怀旧感是指个体面对老年期的处境而产生的对年轻时代或故人、故物怀念的一种心理体验。

2. 空虚感和孤独感共生

空虚感是指个体在空闲时，不知如何打发时间而产生的一种内心体验。老年人在退休以后，若不参加自己感兴趣的活动来打发时间，就会感到空虚。

孤独感是指个体由于社会交往需求未得到满足而产生的一种内心体验。

3. 焦虑感和抑郁感相伴

焦虑感是指个体在面临现实存在的或预计会出现的对自身会产生某种威胁的客观事物时所引起的一种心理体验。很多老年人担心患病，担心给儿女加重负担，从而产生焦虑。

抑郁感是指老年人由于接触社会的机会减少，与人交流的时间减少，其信息的来源减少，从而会对周围事物漠不关心，不爱讲话。

4. 自尊感和自卑感共存

自尊感是指他人的言行满足尊重自己的需要而产生的一种情感。自我评价积极、自我肯定、自我尊重的老年人的自尊感也比较强。

自卑感是指个体过低地评价自己或自尊感得不到满足而产生的一种情感。老年人会因为自尊需求得不到满足而产生自卑感。

（四）人格

我们不难发现，不同年龄阶段的个体的人格特点是不一样的，老年群体也有其独特的人格特点。人进入老年期后，会有下面的一些人格变化。

1. 适应性减退

随着年龄的增长，老年人更不易改变先前形成的观念、习惯。老年人的适应性减退还表现在对于新环境的抵触上。因为新的生活环境意味着改变，意味着已有朋友圈子的丧失，这对于老年人来说需要太多精力来适应，因此老年人往往更倾向于保持现状，不愿意做出改变。

2. 活动性减退

与年轻人相比，老年人由于身体机能衰退，因此会出现行动不便、反应速度较慢的情况，但是他们也有自己的长处，比如办事稳重，有耐心，考虑事情周密详尽、有条不紊，判断比较准确等。

3. 爱回忆往事

老年人喜欢怀旧，回忆美好的往事，把它们当作珍贵的精神财富。有的时候，老年人会回忆过去的事情，对着小辈们一遍一遍地讲述。

4. 焦虑多疑

老年人常常表现得顾虑重重，他们求稳怕乱，不愿出纰漏。老年人焦虑多疑，这是因为他们的身体在逐渐衰弱，他们总有一种恐惧感，担心世界离他们远去。

5. 追求安全和舒心

老年人更习惯于沿着自己熟悉了几十年的生活轨迹活动，这样对他们来说是可以掌控的、安全的。只有在这个安全、可掌控的前提下，老年人的生活才可能是舒心的、舒适的。

二、老年人心理状况的影响因素

老年人心理状况受到生理因素、家庭状况、婚姻状况、社会因素的影响。

（一）生理因素

身体衰老是引发老年人心理变化的最直接因素。一方面，身体衰老主要体现在老年人感觉器官的退化上，这使得老年人对外界和体内刺激的接收和反应速度变慢，这也对老年人的心理状况产生了负面影响；另一方面，身体老化会使老年人对环境的适应能力和对疾病的抵抗力下降。

（二）家庭状况

家庭是老年人主要的活动场所和精神寄托，家庭结构、经济状况和人际关系均会影响老年人的心理状况。

1. 家庭结构

很多子女与老年人分开居住，这样不仅使老年人的日常生活难以得到照顾，而且会使老年人不时感到寂寞孤独。

2. 经济状况

若经济状况比较好，老年人的基本物质生活能够得到保障，老年人就会产生较强的自尊心。若经济状况比较差，老年人就容易焦虑不安。

3. 人际关系

若家庭氛围比较和谐，老年人得到了充分的尊重，其就能有较强的心理满足感；若家庭内部存在矛盾冲突，那么老年人的心理状况将会受到不良影响。

（三）婚姻状况

婚姻对于每个人的生理和心理的影响都是非常大的，而离婚、丧偶和再婚是老年人常常面临的问题。

1. 离婚

一般来说，对于要求离婚的一方，其在离婚后往往会感到轻松；而被迫离婚的一方则有痛苦和被抛弃的感觉，但是双方都将面对孤独和再婚的困扰。

2. 丧偶

丧偶对老年人心理状况的影响是严重和剧烈的。丧偶后，老年人会出现强烈的悲伤感和孤独感，甚至会因过度悲伤而患病，甚至会有痛苦和被抛弃的感觉。

3. 再婚

部分离婚和丧偶的老年人会有再婚的念头，但其在再婚后也会面临很多问题，比如面对双方的子女、适应对方的生活习惯等，这些也会使老年人产生心理困扰。

（四）社会因素

老年期是人生的一个重要转折。其中，最突出的是离退休所带来的角色的转换。一方面，角色转换使经济收入下降、成就感丧失；另一方面，老年人从财富的创造者变为享受者，原有的自我价值丧失，进而产生失落感和自卑感。

三、老年人的心理问题

老年人常见的心理问题有认知功能障碍、抑郁、焦虑、孤独等。

（一）认知功能障碍

老年人的认知功能主要反映老年人对周围环境和对自身所处状况的识别能力，它对老年人独立生活的能力以及生活质量有着重要的影响。人步入老年阶段后，均会伴有不同程度的认知功能障碍。

根据美国精神医学学会修订的《精神疾病诊断与统计手册》的诊断标准，认知功能障碍表现在以下两个方面：①记忆障碍（包括短时记忆和长时记忆障碍），如记忆减弱、遗忘、错构、虚构等；②认知功能损害，如抽象思维或判断力受到损害。

（二）抑郁

抑郁是老年人群中常见的一种负面心理状况，以情绪低落、悲观消极、少言少动、思维迟钝等为主要特征。如果老年人抑郁的持续时间较长，其心理状况可能会变坏，其社会功能可能会受损，并且老年人可能会产生孤独、悲观、厌世的情绪。

中国精神障碍分类与诊断标准（CCMD-3，2001 年）有关抑郁障碍诊断的参考标准主要有以下 9 条：①兴趣丧失、无愉悦感；②精力减退或产生疲乏感；③精神运动性迟滞或激越；④自我评价过低、自责，或有内疚感；⑤联想困难或自觉思考能力下降；⑥反复出现想死的念头或有自杀、自伤行为；⑦睡眠障碍，如失眠、早醒或睡眠过多；⑧食欲降低或体重明显减轻；⑨性欲减退。

只要同时满足心情低落和以上任意 4 种症状，达到严重标准（患者社会功能受损，给本人造成痛苦或者不良后果），且这些症状标准和严重标准持续存在两周以上，则患者可被诊断为抑郁。

（三）焦虑

焦虑是因为老年人对未来的不确定而感到忧虑，并伴有紧张、烦躁不安等症状。老年焦虑是老年人常见的一种情绪状态，通常是因为达不到目标或不能克服障碍，致使自尊心或自信心受挫，或使失败感、内疚感增加，从而形成的一种紧张不安的情绪状态。

焦虑的临床表现为无明显原因的紧张不安、担忧、焦虑、烦躁、脾气暴躁、易兴奋、害怕等；明显的自主神经紊乱，如心悸、气促、胸闷、口干、出汗、肌肉紧张、食欲不振、尿频、尿急等，且常有运动性紧张，如肌肉紧张、坐立不安等表现；伴有睡眠障碍，如入睡困难、彻夜不眠等。

（四）孤独感

孤独是一种被疏远、被抛弃和不被他人接纳的情绪体验。孤独感在老年人中较为常见。有数据显示，独居者的死亡率和癌症发病率比非独居者高出 2 倍。

孤独感的临床表现为孤独无助、寂寞、伤感、抑郁。若老年人长期处于孤独情绪中，其免疫功能将会下降。有的老年人为摆脱孤独，会选择不良的生活方式，如吸烟、酗酒等，这会严重影响其身心健康。

第二节　老年人心理状况评估的操作

一、抑郁状况评估

（一）相关概念

抑郁是指以心情低落为主的精神状态。抑郁患者常伴有各种症状，如焦虑、无价值感、无助感、绝望感、自杀观念、意志减退、精神运动性迟滞及各种躯体症状和生理功能障碍（如失眠）。老年抑郁泛指存在于老年期的抑郁相关症候群，是由各种原因引起的一种心理障碍。

（二）抑郁的症状

抑郁的症状主要包括：不想动、不讲话，双眼呆滞无神、心情低落、胃口差或体重减轻、思考力与集中力降低、表情及声调冷淡、沉默不语等。

（三）老年人抑郁评估量表

老年人抑郁评估量表如表 6-1 所示。

表 6-1　老年人抑郁评估量表

序号	项目	是	否
1	你对生活基本满意吗？	0	1
2	你是否已经放弃了许多活动和兴趣？	1	0
3	你是否觉得生活空虚？	1	0
4	你是否常感到厌倦？	1	0
5	你觉得未来有希望吗？	0	1
6	你是否因为脑子里有一些想法摆脱不掉而烦恼？	1	0
7	你是否精力充沛？	0	1
8	你是否害怕会有不幸的事落到你头上？	1	0
9	你是否在大部分时间里感到幸福？	0	1
10	你是否常感到孤立无援？	1	0
11	你是否经常坐立不安、心烦意乱？	1	0

表6-1(续)

序号	项目	是	否
12	你是否希望待在家里而不愿意去做些新鲜事?	1	0
13	你是否常常担心未来?	1	0
14	你是否觉得记忆力比以前差?	1	0
15	你觉得现在生活很惬意吗?	0	1
16	你是否常感到心情沉重、郁闷?	1	0
17	你是否觉得现在这样的生活毫无意义?	1	0
18	你是否常为过去的事情忧愁?	1	0
19	你觉得生活很令人兴奋吗?	0	1
20	你开始新的工作困难吗?	1	0
21	你觉得生活充满希望吗?	0	1
22	你是否觉得你的处境毫无希望?	1	0
23	你是否觉得大多数人比你强得多?	1	0
24	你是否常为小事伤心?	1	0
25	你是否常觉得想哭?	1	0
26	你集中精力困难吗?	1	0
27	你早晨起床后很快乐吗?	0	1
28	你希望避开聚会吗?	1	0
29	你做决定很容易吗?	0	1
30	你的头脑像往常一样清晰吗?	0	1

抑郁状况分级	□级	0级：0~10分，无明显抑郁症状 1级：11~20分，轻度抑郁症状 2级：21~25分，中度抑郁症状 3级：26~30分，重度抑郁症状

（四）老年人抑郁评估量表的操作说明

1. 评估场景

（1）具备初中以上文化水平且认知功能及视力完好的老年人，可以自行以填写抑郁评估量表（评估人员可以就相关细节问题进行核实）。评估师需及时关注并解决老年人在作答时的困惑，核查结果的真实性。

（2）对于不识字但沟通能力较好的老年人，评估师可以通过口头提问的方式进行评估。

（3）对于有认知、沟通障碍的老年人，评估师可以询问老年人家属在 1 个月内，老年人有无出现过抑郁症状。若出现过以上症状，评估师可以详细询问过去 1 周内，有无出现过抑郁症状及频率。评估师从家属获取的信息仅作为参考，不能用于判断老年人是否抑郁。若从家属处获取信息，评估师需要在评估报告上备注评估结果为家属代答，并在后期的照护中着重观察老年人的抑郁情绪。

（4）评估师在对老年人实施评估的过程中，需要观察老年人有无抑郁症状。

2. 评估注意事项

（1）老年人抑郁评估量表是针对 56 岁以上老年人的专用抑郁筛查量表，但不能作为抑郁症的诊断工具。

（2）老年人抑郁评估量表的问题仅限老年人本人回答，家属代答无效。若为家属代答，评估报告的结果应注明“家属代答”。

（3）老年人抑郁评估量表主要用于评估老年人近 1 个月的感受，该量表的测试时间为 15 分钟左右。

（4）老年人抑郁评估量表的 30 个项目中，有 20 个正向计分的题目（回答“是”得 1 分），有 10 个反向计分的题目（回答“否”得 1 分）。

二、焦虑状况评估

（一）相关概念

焦虑是老年人常见的一种情绪状态，通常是因为达不到目标或不能克服障碍，致使自尊心或自信心受挫，或使失败感、内疚感增加，所形成的一种紧张不安的情绪状态。

（二）老年人焦虑评估量表

汉密尔顿焦虑量表（HAMA）是汉密尔顿于 1959 年编制的。汉密尔顿焦虑量表最早是精神科临床治疗中常用的量表之一，可用于评估老年人的焦虑状况，共包括 14 个项目，涵盖焦虑心境、紧张、害怕、失眠、认知功能、抑郁心境、躯体性焦虑（肌肉系统、感觉系统）、心血管系统症状、呼吸系统症状、胃肠道症状、生殖泌尿系统症状、自主神经系统症状、会谈时行为表现等。表 6-2 为汉密尔顿焦虑量表。

表 6-2　汉密尔顿焦虑量表

评估项目	评估内容	无	轻微	中等	较重	严重
1. 焦虑心境	担心、担忧，感到有不好的事将要发生，易激惹	0	1	2	3	4
2. 紧张	紧张感、易疲劳、不能放松，易哭、颤抖、感到不安	0	1	2	3	4

表6-2(续)

评估项目	评估内容	无	轻微	中等	较重	严重
3. 害怕	害怕黑暗、陌生人、一人独处、动物、乘车或旅行及人多的场合	0	1	2	3	4
4. 失眠	难以入睡、睡得不深、多梦、睡醒后感到疲倦	0	1	2	3	4
5. 认知功能	注意力不能集中，记忆力差	0	1	2	3	4
6. 抑郁心境	丧失兴趣、抑郁、早醒	0	1	2	3	4
7. 躯体性焦虑（肌肉系统）	肌肉酸痛、活动不灵活、肌肉抽动、肢体抽动、牙齿打颤、声音发抖	0	1	2	3	4
8. 躯体性焦虑（感觉系统）	视物模糊、发冷发热、软弱无力、浑身刺痛	0	1	2	3	4
9. 心血管系统症状	心动过速、心悸、胸痛	0	1	2	3	4
10. 呼吸系统症状	胸闷、窒息感、叹息、呼吸困难	0	1	2	3	4
11. 胃肠道症状	吞咽困难、胀气、消化不良（进食后腹痛、胃部有烧灼感；腹胀、恶心、胃部有饱感）、肠动感、肠鸣、腹泻、体重减轻、便秘	0	1	2	3	4
12. 生殖泌尿系统症状	尿急、停经、性冷淡、过早射精、阳痿	0	1	2	3	4
13. 自主神经系统症状	口干、潮红、苍白、易出汗、易起“鸡皮疙瘩”、紧张性头痛、毛发竖起	0	1	2	3	4
14. 会谈时行为表现	（1）一般表现：紧张、不能放松、忐忑不安、咬手指、紧紧握拳、面部肌肉抽动、不停顿足、手发抖、皱眉、表情僵硬、叹息样呼吸、面色苍白； （2）生理表现：吞咽、打嗝、安静时心率快、呼吸快（20次/分以上）、腱反射亢进、震颤、瞳孔放大、眼睑跳动、易出汗、眼球突出	0	1	2	3	4
总分	□分	上述14项评分之和				
分级	□级	0级：0~6分，无焦虑 1级：7~21分，轻度焦虑 2级：22~29分，中度焦虑 3级：≥30分，重度焦虑				

（四）汉密尔顿焦虑量表评估操作说明

1. 评估场景

（1）对于认知能力和沟通能力较好的老年人，评估师可以向老年人简单介绍量表的使用说明。

（2）在评估过程中，评估师应该注意核实评估结果。

（3）对于认知能力和沟通能力很差的老年人，评估师可以询问其家属，在过去 1 个月内老年人有无出现过焦虑症状（焦虑、经常担心、易激惹、失眠、记忆力差、害怕独处或人多的场合等）。若出现过以上症状，评估师可以详细询问过去 1 周内，老年人有无出现过焦虑症状及频率。评估师从家属获取的信息仅作为参考，不能用于判断老年人是否焦虑。若从家属处获取信息，评估师需要在评估报告上备注评估结果为家属代答，并在后期的照护中着重观察老年人的焦虑情绪。

（4）评估师在对老年人实施评估的过程中，需要观察老年人有无焦虑症状。

2. 评估注意事项

（1）汉密尔顿焦虑量表主要用于评估老年人的焦虑症状的严重程度，但不太适用于评估各种精神疾病的焦虑状态。

（2）在进行评估时，两名评估师应进行联合评估，采用交谈与观察的形式进行考量。检查结束后，两名评估师独立评分。评估时间大约为 10~15 分钟。

（3）一般来说，HAMA 的临界值设定为 14 分。若超过 14 分，则认为老年人肯定有焦虑症状（超过 7 分，则认为老年人可能有焦虑症状）。

（4）“0”表示无症状；“1”表示症状轻微；“2”表示有明显的症状，但不影响正常的生活与活动；“3”表示症状较为严重，已影响正常的生活和活动；“4”表示症状极为严重，严重影响其生活。

（5）“认知功能”等级与“老年人认知症等级评定”的匹配关系：“老年人认知症等级评估”中 0 级（能力完好）判定为认知功能的“0”级；“老年人认知症等级评估”中 1 级（轻度失能）判定为认知功能的“1”级；“老年人认知症等级评估”中 2 级（中度失能）判定为认知功能的“2”级；“老年人认知症等级评估”中 3 级（重度失能，认知能力为 2）判定为认知功能的“3”级；“老年人认知症等级评估”中 3 级（重度失能，认知能力为 3）判定为认知功能的“4”级。

（6）“抑郁心境”等级与“老年人心理状况评估”的匹配关系：抑郁评分低于 10 分，选择“0”级；抑郁评分为 11~15 分，选择“1”级；抑郁评分为 16~20 分，选择“2”级；抑郁评分为 21~25 分，选择“3”级；抑郁评分为 26~30 分，选择“4”级。

（7）各系统疾病与“疾病状况评估”的匹配关系：“0”表示无症状；“1”表示症状轻微；“2”表示有明显的症状，但不影响正常的生活与活动；“3”表示症状较为严重，已影响正常的生活和活动；“4”表示症状极为严重，严重影响其生活。

第三节　老年人心理状况评估报告

表 6-3 为老年人心理状况评估报告。

表 6-3　老年人心理状况评估报告

一级指标分级	抑郁状况分级：□级　　焦虑状况分级：□级
老年人心理状况评估等级标准	0 级（心理状况较好）：抑郁状况为 0 级，焦虑状况为 0~1 级 1 级（心理状况一般）：抑郁状况为 0 级，焦虑状况为 2 级；或抑郁状况为 1 级，焦虑状况为 0~1 级 2 级（心理状况较差）：抑郁状况为 0 级，焦虑状况为 3 级；或抑郁状况为 1 级，但焦虑状况为 2 级；或抑郁状况为 2 级，焦虑状况为 0~1 级 3 级（心理状况极差）：抑郁状况为 1 级，焦虑状况为 3 级；或抑郁状况为 2 级，焦虑状况为 2~3 级；或抑郁状况为 3 级
老年人心理状况等级	□ 0 级：心理状况较好 □ 1 级：心理状况一般 □ 2 级：心理状况较差 □ 3 级：心理状况极差
评估师签名________、________　　日期_____年____月____日 信息提供者签名________　　日期_____年____月____日	

表 6-4 为心理状况评估等级结果判定卡。

表 6-4　心理状况评估等级结果判定卡

心理状况评估	抑郁状况分级	焦虑状况分级			
		0	1	2	3
0 级：心理状况较好	0				
	1				
	2				
	3				
1 级：心理状况一般	0				
	1				
	2				
	3				

表6-4(续)

心理状况评估	抑郁状况分级	焦虑状况分级			
		0	1	2	3
2级： 心理状况较差	0				
	1				
	2				
	3				
3级： 心理状况极差	0				
	1				
	2				
	3				

第四节　养老服务建议

针对老年人不同的心理状况，我们提出了不同的养老服务建议，如表 6-5 所示。

表 6-5　养老服务建议

服务项目	0级 心理状况较好	1级 心理状况一般	2级 心理状况较差	3级 心理状况极差
养老服务建议	组织老年人参加与心理健康教育相关的娱乐活动，保持良好的心理状况	实施心理疏导； 协助、督促老年人参加与心理健康教育相关的娱乐活动	及时就医； 开展心理咨询服务（1次/周）； 组织老年人参加与心理健康教育相关的娱乐活动	及时就医； 24小时陪护； 开展心理咨询，服用相关药物； 运用专业心理咨询技术、方法使老年人保持良好的心理状况

思考题

1. 简述老年人的心理特点。
2. 老年人常见的心理问题有哪些？
3. 老年人心理状况评估的内容有哪些？

4. 如何准确使用汉密尔顿焦虑量表和老年人抑郁评估量表？

5. 如何准确划定老年人心理状况等级？

参考文献

[1] 郭起浩，洪震. 神经心理评估［M］. 2版. 上海：上海科学技术出版社，2016.

[2] 彭聃龄. 普通心理学［M］. 4版. 西安：西北工业大学出版社，2014.

[3] 张志杰. 老年心理学［M］. 重庆：西南师范大学出版社，2015.

[4] 仝利民. 老年社会工作［M］. 上海：华东理工大学出版社，2006.

[5] 梅陈玉婵，林一星，齐铱. 老年社会工作［M］. 上海：上海人民出版社，2017.

[6] 高焕民，李丽梅. 老年心理学［M］. 2版. 北京：科学技术文献出版社，2017.

[7] 陈瑜. 老年人心理健康（心理健康一点通）［M］. 北京：中国医药科技出版社，2018.

[8] 李欣. 老年心理维护与服务.［M］. 北京：北京大学出版社，2013.

第七章　老年人社会评估

学习目标

1. 掌握老年人社会评估的内容和方法
2. 掌握老年人社会评估报告的撰写方法
3. 熟悉老年人社会评估的注意事项
4. 了解老年人社会评估的分级照护建议
5. 了解老年人社会评估的目的和意义
6. 具有正确使用量表开展老年人社会评估的能力

老年人社会评估包括人际关系评估、社会支持评估、家庭支持评估、角色评估、文化评估。

第一节　老年人的社会现状

一、老年人的社会特点

（一）老年人社会角色的变化

老年人退休后，其社会角色也随之发生了变化，而与其社会角色相关的生活方式也将随之改变，老年人进入了一个新的人生阶段。老年人社会角色的变化主要表现在以下两个方面。

1. 从职业角色变为赋闲角色

老年人退休后，其在角色上的显著变化就是从职业角色变为赋闲角色。部分老年人将会继续从事其他职业，但其可选择的职业种类较少；而对于农村老年人而言，其身体状况会随着年龄的增长而变差，他们也没有精力再去务农。

2. 从主体角色演变为依赖角色

老年人的社会交往与人际关系范围变小，生活方式也发生了巨大变化，这些都使其在经济、生理及心理方面逐渐从主体角色演变为依赖角色。对于城市离退休老年人而言，这种变化主要表现在生理方面，他们越来越需要子女对其日常起居进行照顾；对于农村老年人而言，老年人在经济、生理和心理方面从主体角色转变为依赖角色的情况表现得更为明显。

（二）老年人的社会地位趋于下降

社会地位是指由社会角色而带来的社会责任和社会尊严。一般来说，社会角色越重要，社会责任和社会尊严就越高。社会角色发生变化，社会责任和社会尊严也会随之发生变化。老年期是社会角色变化的时期，也是社会地位转变的时期。老年人社会地位变化的典型特征就是社会地位呈下降趋势，具体表现在：退休后收入减少；大众忽视老年群体的价值与作用。要想提高老年人的社会地位，除了需要建立健全各项法律制度外，还需要正确认识老年群体的价值与作用。

（三）老年人家庭的变化会对老年人产生重要影响

老年人退休后，家庭成为其主要的活动场所，老年人对家庭、家人的依赖程度也逐渐加深。

1. 家庭状态对老年人角色的影响

（1）从家庭生命周期来看，老年人的家庭将进入空巢期、鳏寡期。

进入空巢期后，父母和子女开始分居居住。家庭生命周期理论认为，自某一家庭的最后一个子女长大成人并离家单独生活开始，就标志着这个家庭进入了空巢期。子女的离家不仅给老年父母留下无尽的空虚与孤独，也让父母由最初的家庭支柱的角色转向需要扶持的角色。

老年人失去配偶的可能性日益增大，很容易进入鳏寡期。随着老年夫妇一方的离去，鳏寡期的老年人的社会角色由夫妇二人相互扶持变为独守空巢。

处于空巢期、鳏寡期的老年人普遍有着强烈的求助需求、亲和需求，个别老年人还有支配需求。

（2）老年人家庭的经济状况将会对老年人的身体产生重要影响。

对于老年人来说，如果有足够的退休金或养老金，其基本的物质生活可以得到保障，对子女及外界的经济依赖就不会很强；如果老年人既丧失了劳动能力，又没有固定的收入来源，那么就会常为生计而发愁，容易产生焦虑不安的情绪。

2. 老年人的婚姻状态

（1）丧偶。高丧偶率是老年阶段各国老年人口的共同特点。目前，在中国的低龄老年人中，男女比例相差不大；在高龄老年人中，男女比例悬殊，女性老年人的丧偶率要远远高于男性老年人。

（2）离婚。一般情况下，老年人的婚姻稳定性较高。但因为种种原因，少数老年人也会离婚。

（3）再婚。丧偶之后，老年人在生活中面临种种困难，失去相互照顾的伴侣，缺少情感交流的对象，常会由此引起情绪波动，失去生活的信心。子女的关心无法替代老伴的体贴与关心。因此，部分丧偶老年人会选择再婚。研究发现，有伴侣的老年人的生活满意度会远远高于没有伴侣的鳏寡老年人。

二、老年人常见的社会问题

（一）老年人存在多种社会心理问题

1. 孤独感加重

老年人的孤独感是指老年人被疏远、被抛弃和不被他人接纳的一种情绪体验。老年人在离退休后会因为体弱多病或行动不便逐渐与亲朋好友疏远，孤独感增加。

老年人的孤独感危害极大。研究发现，孤独隐居者的发病率为正常人的 1.6 倍，孤独老年人的死亡率和癌症发病率比正常人高出 2 倍。老年孤独者更倾向于选择不良的生活方式，这会导致高血压、冠心病、脑卒中、糖尿病和骨质疏松等多种慢性疾病的发生。老年孤独者常常感到寂寞无聊，极易产生悲伤感，也会经常偷偷哭泣。久而久之，他们会患上严重的抑郁症，甚至会有自杀的念头。

2. 面临着代际沟通问题

由于既往生活经历的巨大差异、快速的社会变迁与发展，老年群体与其子女在传统观念、生活习惯等方面存在较大差异。老年人很难理解年轻人的很多行为，子女也会因为过于从自身角度去考虑问题、工作或生活等原因忽视了与父母的有效沟通，从而产生各种代际沟通问题。

3. 面临着人际关系紧张的问题

由于个人性格特点、既往生活与工作经验等原因，部分老年人在人际交往中往往会出现多种人际沟通问题。部分老年人社交圈相对较小，这容易使他们不懂得如何维持良好的人际关系，从而对他们的身心健康产生消极影响。

（二）老年人自杀问题日益严峻

随着社会老龄化、城市化程度加深，空巢老年人越来越多。不少空巢老年人因为患病、不愿拖累子女等原因，对生活失去了信心。他们宁愿选择自杀也不想活着。这一点在农村地区体现得尤为明显，官方公开的统计数据表明，中国农村老年人的自杀率是世界平均水平的 4~5 倍。

（三）老年人面临照料难的问题

随着老龄化、城市化程度加深，空巢老年人越来越多。老年人的身体机能下降，慢性病患病概率增加，但目前，人们对机构养老方式的接受度普遍不高，老年人的子女又不能在身边进行照料，这些都让老年人面临着照料难的问题。

（四）老年人走失问题日益突出

老年人的身体机能下降，认知能力逐渐退化。调查显示，截至2018年年底，中国60岁及以上老年人口有2.49亿人，每年走失老年人约有50万人，而平均每天就约有1 370名老年人走失。

（五）老年人社会保障问题仍然存在

老年人的社会保障水平较低，居民对社会化养老的认识不足，社会养老保障的体制机制尚不完善，这些都使得城镇居民面临着养老金资金匮乏的问题，农村居民面临着低水平、发展缓慢的养老保障问题。

（六）老年人面临诸多消费陷阱

老年人属于社会弱势群体，他们常常跟不上时代发展。老年群体是属于极易受骗的人群。近年来，针对老年人的各类消费骗局更是层出不穷，老年人会因为这类消费骗局屡屡陷入消费陷阱。

（七）老年人的数字鸿沟与安全上网问题

近年来，网购、移动支付、网约车、手机订餐等生活服务得到了普遍应用，老年人的学习能力变差、应用软件的更新速度较快，都让老年人难以跟上数字时代的步伐。

老年人学会上网，既能随时随地与子女、亲朋好友联系，又能丰富自己的娱乐生活。研究显示，使用微信的老年人往往觉得自己更幸福。同时，子女也应帮助老年人树立信心，提高甄别虚假信息的能力，让老年人在智慧社会享受更多的数字红利。

第二节　社会评估的操作

一、人际关系的评估

人际关系是人与人在相互交往过程中所形成的心理关系。人际关系包括亲属关系、朋友关系、师生关系、雇佣关系、战友关系、同事及领导与被领导关系等。通常，人们使用人际关系诊断量表（表7-1）来进行人际关系的评估。该量表包含28个问题。

（一）人际关系评估量表

表 7-1 人际关系诊断量表

提问项目	是	否
1. 对于自己的烦恼，觉得有苦难言		
2. 和生人见面时感觉不自然		
3. 过分羡慕和妒忌别人		
4. 与同龄人交往太少		
5. 对连续不断的谈话感到困难		
6. 在社交场合感到紧张		
7. 时常伤害别人		
8. 与年轻人来往时感觉不自然		
9. 与一大群朋友在一起时，常感到孤寂或失落		
10. 极易受窘		
11. 不能与别人和睦相处		
12. 不知道如何与他人相处		
13. 当不熟悉的人对自己倾诉他的生平遭遇以求同情时，自己常感到不自在		
14. 担心别人对自己有什么坏印象		
15. 总是尽力使别人欣赏自己		
16. 暗自思念亲人、朋友		
17. 时常避免表达自己的感受		
18. 对自己的仪表（容貌）缺乏信心		
19. 讨厌某人或被某人所讨厌		
20. 瞧不起同龄老年人		
21. 不能专注地倾听		
22. 不知道可以向谁倾诉自己的烦恼		
23. 受别人排斥与冷漠		
24. 被同龄人瞧不起		
25. 不能广泛地听取各种意见		
26. 自己常因受伤害而暗自伤心		
27. 常被别人谈论、愚弄		
28. 与陌生人交往时，不知如何更好地相处		

总分	□分	上述 28 项得分之和
分级	□级	0 级：21~28 分，人际关系较好 1 级：15~20 分，人际关系一般 2 级：9~14 分，人际关系较差 3 级：0~8 分，人际关系极差

（二）人际关系评估的操作说明

1. 评估重点

（1）评估老年人3个月以来的人际关系状况。

（2）评估需要在安静、私密的环境下进行。

2. 评估场景

（1）具备初中以上文化水平且认知功能及视力完好的老年人，可以自行填写评估表（评估人员可就相关细节问题进行核实）。评估师需及时关注并解决老年人在作答时的困惑，核查结果的真实性。

（2）对于文化水平低下但沟通能力完好的老年人，评估师可以通过口头提问的方式进行评估。

（3）对于有认知、沟通交流障碍的老年人，评估师可以询问其家属，在过去3个月内老年人的人际关系状况，因为认知与沟通障碍往往会影响人际沟通能力。评估师从家属处获取的信息可作为参考。若从家属处获取信息，评估师应在评估报告上备注评估结果来自家属代答，并在后期的照护中注意观察其人际关系状况。

（4）评估师在对老年人实施评估时，需要观察老年人在互动时的表现，也可从家属处获取老年人的人际关系情况。

3. 评估注意事项

（1）评估师需要及时关注并解决老年人在作答时的困惑，核查结果的真实性。

（2）观察法在评估中具有重要意义，评估师可以通过观察法来判断一些问题的真实性。

（3）人际关系诊断量表与“社会支持评估”“家庭支持评估”关系密切，评估师应熟悉各评估板块的内容，以避免重复询问类似问题，影响访谈进程。

（三）人际关系评估的照护建议

表7-2给出了不同人际关系等级下的照护服务项目建议。

表7-2 不同人际关系等级下的照护服务项目建议

服务项目	0级 人际关系较好	1级 人际关系一般	2级 人际关系较差	3级 人际关系极差
合住安排服务	了解同住老年人的性格或生活习惯等，无特殊注意事项	评估同住老年人的性格或生活习惯等，避免出现相处矛盾	评估同住老年人的性格或生活习惯等，避免出现社交危机	系统评估同住老年人的性格或生活习惯等，避免出现社交危机，甚至意外事件

表7-2(续)

服务项目	0级 人际关系较好	1级 人际关系一般	2级 人际关系较差	3级 人际关系极差
社会活动服务	定期举办群体性娱乐活动或组织老年人参加一些有意义的社会活动（公益活动为主），可邀请该老年人组织活动	组织活动时，可邀请该老年人参与，提高其社会交往能力，改善人际关系状况	若邀请老年人参加活动，应做好预先评估和安排，建议由与该老年人比较熟悉的工作人员或亲友陪护，避免出现人际关系紧张的情况	若邀请老年人参加活动，应做好预先评估和安排，征求老年人和其家属的意见，应由与该老年人比较熟悉的工作人员或亲友陪护，避免出现意外事件

二、社会支持评估

社会支持通常是指来自社会各方面（包括父母、亲戚、朋友等）给予个体的精神或物质上的帮助和支持的系统。

（一）社会支持评估量表

表 7-3 为社会支持评估量表。

表 7-3　社会支持评估量表

1	您有多少关系密切，可以得到支持和帮助的朋友？	□分	0 分：1 个也没有
			1 分：1~2 个
			2 分：3~5 个
			3 分：6 个及以上
2	近一年来您______。	□分	0 分：远离家人且独居一室
			1 分：住处经常变动，多数时间和陌生人住在一起
			2 分：和同学、同事或朋友住在一起
			3 分：和家人住在一起
3	您与邻居______。	□分	0 分：相互之间从不关心，只是点头之交
			1 分：遇到困难可能稍微关心
			2 分：有些邻居都很关心您
			3 分：大多数邻居都很关心您

表7-3(续)

<table>
<tr><td></td><td></td><td></td><td></td><td>无
（0分）</td><td>极少
（1分）</td><td>一般
（2分）</td><td>全力支持
（3分）</td></tr>
<tr><td rowspan="5">4</td><td rowspan="5">从家庭成员得到支持和照顾的程度为______。</td><td rowspan="5">□分</td><td>夫妻（恋人）</td><td></td><td></td><td></td><td></td></tr>
<tr><td>父母</td><td></td><td></td><td></td><td></td></tr>
<tr><td>儿女</td><td></td><td></td><td></td><td></td></tr>
<tr><td>兄弟姐妹</td><td></td><td></td><td></td><td></td></tr>
<tr><td>其他成员
（如嫂子）</td><td></td><td></td><td></td><td></td></tr>
<tr><td rowspan="2">5</td><td rowspan="2">过去，您在遇到困难时，曾经得到的经济支持和解决实际问题的帮助的来源有______。</td><td rowspan="2">□分</td><td colspan="5">0 分：1 个也没有</td></tr>
<tr><td colspan="5">下列来源（每个来源计 1 分）
A. 配偶；B. 其他家人；C. 朋友；D. 亲戚；E. 同事；F. 工作单位；G. 党团工会等官方或半官方组织；H. 宗教、社会团体等非官方组织；I. 其他（请列出）______</td></tr>
<tr><td rowspan="2">6</td><td rowspan="2">过去，您在遇到困难时，曾经得到的安慰和关心的来源有______。</td><td rowspan="2">□分</td><td colspan="5">0 分：1 个也没有</td></tr>
<tr><td colspan="5">下列来源（每个来源计 1 分）
A. 配偶；B. 其他家人；C. 朋友；D. 亲戚；E. 同事；F. 工作单位；G. 党团工会等官方或半官方组织；H. 宗教、社会团体等非官方组织；I. 其他（请列出）______</td></tr>
<tr><td rowspan="4">7</td><td rowspan="4">您遇到烦恼时的倾诉方式是什么？</td><td rowspan="4">□分</td><td colspan="5">0 分：从不向任何人诉说</td></tr>
<tr><td colspan="5">1 分：只向关系极为密切的 1~2 个人诉说</td></tr>
<tr><td colspan="5">2 分：如果朋友主动询问，您会说出来</td></tr>
<tr><td colspan="5">3 分：主动倾诉自己的烦恼，以获得支持和理解</td></tr>
<tr><td rowspan="4">8</td><td rowspan="4">您遇到烦恼时的求助方式是什么？</td><td rowspan="4">□分</td><td colspan="5">0 分：只靠自己，不接受别人帮助</td></tr>
<tr><td colspan="5">1 分：很少请求别人帮助</td></tr>
<tr><td colspan="5">2 分：有时请求别人帮助</td></tr>
<tr><td colspan="5">3 分：有困难时经常向家人、亲友、组织求援</td></tr>
<tr><td rowspan="4">9</td><td rowspan="4">对于团体（如社团、协会、党团组织、宗教组织等）组织活动，您______。</td><td rowspan="4">□分</td><td colspan="5">0 分：从不参加</td></tr>
<tr><td colspan="5">1 分：偶尔参加</td></tr>
<tr><td colspan="5">2 分：经常参加</td></tr>
<tr><td colspan="5">3 分：主动参加并积极活动</td></tr>
<tr><td colspan="2">社会支持能力总分</td><td>□分</td><td colspan="5">上述 9 个项目之和</td></tr>
<tr><td colspan="2">社会支持分级</td><td>□级</td><td colspan="5">0 级：总分≥30 分，社会支持较强
1 级：总分 19~29 分，社会支持一般
2 级：总分 9~18 分，社会支持较差
3 级：总分 0~8 分，社会支持极差</td></tr>
</table>

（二）社会支持评估的操作说明

1. 评估场景

（1）具备初中以上文化水平且认知功能及视力完好的老年人，可以自行以填写表格完成作答（评估人员可就相关细节问题进行核实）。评估师需及时关注并解决老年人在作答时的困惑，核查结果的真实性。

（2）对于文化水平低下但沟通能力完好的老年人，评估师主要通过口头提问的方式进行评估。

（3）对于有认知、沟通障碍的老年人，评估师可以询问其家属，在过去 3 个月内老年人的社会支持状况。评估师从家属处获取的信息仅作为参考，不能用于判断老年人的社会支持状况。若从家属处获取信息，评估师应在评估报告上备注评估结果来自家属代答，并在后期的照护中继续观察老年人的社会支持状况。

（4）评估师在对老年人实施评估时，可从其家属处获取老年人的社会支持状况。

2. 评估注意事项

（1）社会支持评估量表与“人际关系评估”“家庭支持评估”关系密切，社会支持评估量表的问题选项共有 4 个等级。

（2）社会支持评估量表的评估对象是老年人本人。若是家属代答，获取的信息务必要经过核实才能得出最终结果。

（三）社会支持评估的照护建议

表 7-4 为不同社会支持评估等级下的照护服务项目建议。

表 7-4 不同社会支持评估等级下的照护服务项目建议

服务项目	0 级 支持能力较强	1 级 支持能力一般	2 级 支持能力较差	3 级 支持能力极差
社会活动服务	可通过定期组织“同伴”活动、“我的一家子”等活动，协助老年人维持好其社会支持的渠道	可设置如“关护社工师”等角色，并将其作为一个老年人新的社会支持渠道；组织老年人参加合适的“同伴”活动、亲友联谊会等，提升老年人与其社会支持网络的联系，不断提升老年人的社会支持状况	设立专门的“关护社工师”等角色，并将其作为老年人社会支持的重要渠道；借助“家庭—老单位—养老中心”的三方支持平台开展群体活动，重塑老年人的社会支持网络	设立专门的“关护社工师”团队，并将其作为老年人社会支持的重要渠道；借助“家庭—老单位—养老中心”的三方支持平台开展群体活动，重塑老年人的社会支持网络

三、家庭支持评估

家庭是社会的细胞。情感和陪伴功能已然成为现代家庭的核心功能。评估老年人在家庭支持方面的状况，对于了解老年人的社会关系和社会功能具有重要的意义。

（一）家庭支持量表

表 7-5 为家庭支持量表。

表 7-5　家庭支持量表

家庭支持度		是	否
1. 我的家人给予我所需的精神支持			
2. 遇到棘手的问题时，我的家人帮我出主意			
3. 我的家人愿意倾听我的想法			
4. 我的家人给予我情感支持			
5. 我与我的家人能开诚布公地交谈			
6. 我的家人能分享我的爱好与兴趣			
7. 我的家人能察觉到我的需求			
8. 我的家人善于帮助我解决问题			
9. 我与家人感情深厚			
总分	□分	上述 9 项得分之和	
分级	□级	0 级：8~9 分，家庭支持较好 1 级：6~7 分，家庭支持一般 2 级：3~5 分，家庭支持较差 3 级：1~2 分，家庭支持极差	

（二）家庭支持评估的操作说明

1. 评估场景

（1）具备初中以上文化水平且认知功能及视力完好的老年人，可以自行填写表格完成作答（评估人员可就相关细节问题进行核实）。评估师需及时关注并解决老年人在作答时的困惑，核查结果的真实性。

（2）对于文化水平低下但沟通能力完好的老年人，评估师主要通过口头提问的方式进行评估。

（3）对于有认知、沟通障碍的老年人，评估师可以询问老年人家属，在过去 3 个月内老年人的家庭支持状况。评估师从家属处获取的信息仅作为参考，不能用于判断老年人的家庭支持状况。若从家属处获取信息，评估师应在评估报告上备注评估结果来自家属代答，并在后期的照护中应继续观察老年人的家庭支持状况。

（4）如有家属陪同，在整个评估过程中，评估师可注意观察老年人与其家属的互动关系，从而判断老年人作答的真实性。

（5）评估师在对老年人实施评估时，可从家属处获取老年人家庭支持的信息。

（6）从家属处获取的信息仅作为参考，评估师需要结合老年人后期的生活情况，综合判断老年人的家庭支持情况。

2. 评估注意事项

（1）评估师需及时关注并解决老年人在作答时的困惑，核查结果的真实性。

（2）观察法在评估中具有重要意义，评估师可以通过观察法来判断一些问题的真实性。

（3）家庭支持量表属于自评量表，仅限老年人本人回答，家属代答无效。

（三）家庭支持评估的照护建议

表 7-6 为不同家庭支持评估等级下的照护服务项目建议。

表 7-6 不同家庭支持评估等级下的照护服务项目建议

服务项目	0 级 家庭支持较强	1 级 家庭支持一般	2 级 家庭支持较差	3 级 家庭支持极差
家人关爱提醒服务	关注家人来访和陪伴的频次，留存家属的信息，设立家人探视提醒功能，确保老年人仍能获得良好的家庭支持	应了解家属的状况，留存家属的信息；在照护过程中，建议联系家属增加探访次数，增进老年人与家人之间的情感联系；可组织如“家庭—养老中心”等联谊活动增进老年人与其家庭联系的紧密度与互动度，提升家庭支持状况	在了解家属状况的基础上，采用之前提出的设立“专兼职关护社工师”等角色，并将其作为老年人家庭支持不足的重要补充或替代；除增加家人的探访次数，可组织如“家庭—养老中心”等联谊活动增加老年人与其家庭联系的紧密度与互动度，重建其家庭支持网络	在了解家属状况的基础上，设立“专兼职关护社工师”等角色，并将其作为老年人家庭支持不足的重要补充或替代；除增加家人的探访次数外，可组织如“家庭—养老中心”等联谊活动增加老年人与其家庭联系的紧密度与互动度，重建其家庭支持网络

四、角色评估

角色是社会所规定的一系列与社会地位相一致的规范与行为模式，是社会对处于某一特定地位的人的行为期待。角色评估的内容主要包括角色数量、角色感知、角色满意度、角色紧张。通过角色评估，我们可以判断老年人是否出现角色适应不良情况以及老年人属于哪种角色适应不良。

（1）角色功能评估表

表 7-7 为角色功能评估表。

表 7-7　角色功能评估表

评估项目	主要内容
角色数量	您之前从事什么职业？ 您之前担任何种职务？ 您目前在家庭、单位和社会上承担的角色与任务有哪些？
角色感知	您清楚所承担角色的权利与义务吗？
角色满意度	您对自己的角色行为满意吗？ （问：您退休后觉得还适应吗？对您生活的影响可以接受吗？）
角色紧张	老年人有无角色紧张的生理和心理表现，如头痛、头晕、睡眠障碍、紧张、抑郁、易激惹。 （问：1. 您觉得您身体怎么样？2. 您是否经常感到疲劳、失眠、头痛等？）

（二）角色评估的操作说明

1. 评估场景

（1）评估老年人最近 1 年的角色状况。

（2）角色评估一般采用访谈方式完成。对于有认知、沟通障碍的老年人，评估师可以询问其家属，并在评估报告上备注评估结果来自家属代答。

（3）评估时，评估师应至少从职业角色和非职业角色两部分来评估。职业角色评估一般可以通过了解老年人退休前的工作情况、让老年人回忆在其工作生涯中值得怀念的事情来判断角色感知。

（4）非职业角色评估重点了解老年人的家庭角色。

2. 评估注意事项

（1）角色评估反映老年人在其社会活动中的自我定位及其对角色转变的感知情况。

（2）角色评估属于社会评估的开放性评估内容，其职业角色、家庭角色的评估可用于分析老年人的人际关系、社会支持和家庭支持状况。

（三）角色功能评估的照护建议

（1）角色评估的结果可为老年人分配合适的角色提供参考，提升老年人参加活动的热情与满足感，还能缓解角色紧张问题。

（2）在老年人出现角色紧张等反应时，我们可结合老年人的职业角色与家庭角色，通过组织同伴活动或组织家庭联谊活动来缓解其紧张感。

五、文化评估

文化是社会及其成员所特有的物质和精神财富的总和，即特定人群为适应社会环境而共有的行为和价值模式。文化评估的内容包括价值观、健康信念、习俗等。

（一）文化功能评估量表

表 7-8 为文化功能评估量表。

表 7-8　文化功能评估量表

评估项目	参考问题
价值观	1. 通常情况下，什么对您最重要？
	2. 遇到困难时您是如何看待的？
	3. 您参加什么组织吗？
健康信念	1. 对您来说，什么是健康？
	2. 您觉得自己健康吗？如果不健康，该问题对您的身心产生了哪些影响？
	3. 您认为导致您健康问题的原因是什么？
	4. 您认为如果得病了，应该怎么办（尽快去看病，或找一些土办法，或去求个签看是否最近运气不佳，或先去找中医）？
习俗	1. 您平时主要吃哪些食物？主食有哪些食物？喜欢的食物又有哪些？有无食物禁忌？一天进食几餐？
	2. 您的家乡有没有一些特殊的风俗习惯，您认为这些是否成为一种文化习惯或禁忌？
	3. 您有没有宗教信仰？如果有，您平时会不会参加一些宗教活动？

（二）文化评估的操作说明

1. 评估场景

（1）评估老年人最近 3 个月的文化特征状况。

（2）文化评估一般采用访谈方式完成。评估师可通过询问老年人或其家属完成评估。如有家属参与回答，评估师应该在评估报告上应备注说明。

（3）文化功能评估表的内容有些抽象，评估师在与老年人交流时需要简单举几个例子加以说明。

（4）对于价值观评估的部分问题，评估师可在“社会支持评估”时一并询问。

（5）在健康信念评估时，评估师可与“疾病状况评估”一起询问，但此部分主要是了解老年人对健康的态度。

2. 评估注意事项

（1）文化评估可反映老年人社会化的状况，并从多个维度来分析老年人之前所处环境的文化影响痕迹，为制订照护计划提供参考。

（2）文化评估也属于社会评估的开放性评估内容，其结果可为制订个性化照护计划提供较多参考信息。

（三）文化评估的照护建议

文化评估结果可以作为社会评估的参考材料。在提供照护服务时，我们应该考虑老年人的文化习俗与禁忌。文化评估结果可以帮助护理员了解老年人的价值观、信念、习俗，为老年人制订个性化的照护计划提供依据。

第三节　老年人社会评估报告

老年人社会评估报告如表 7-9 所示。

表 7-9　老年人社会评估报告

一级指标分级	评估结果
人际关系评估	□0 级：人际关系较好 □1 级：人际关系一般 □2 级：人际关系较差 □3 级：人际关系极差
社会支持评估	□0 级：社会支持较好 □1 级：社会支持一般 □2 级：社会支持较差 □3 级：社会支持极差
家庭支持评估	□0 级：家庭支持较好 □1 级：家庭支持一般 □2 级：家庭支持较差 □3 级：家庭支持极差
角色评估	对角色评估的情况进行描述
文化评估	对角色评估的情况进行描述
评估师签名________、________ 信息提供者签名________	日期______年____月____日 日期______年____月____日

思考题

1. 简述老年人的社会特点。
2. 老年人常见的社会问题有哪些？
3. 如何准确评估老年人的社会状况？

4. 老年人的社会状况评估包括哪些内容?

5. 如何准确撰写社会状况评估报告?

参考文献

[1] 邬沧萍, 姜向群. 老年学概论 [M]. 北京: 中国人民大学出版社, 2015.

[2] 高云鹏, 胡军生, 肖健. 老年心理学 [M]. 北京: 北京大学出版社, 2013.

[3] 党俊武. 中国城乡老年人生活状况调查报告 (2018) [M]. 北京: 社会科学文献出版社, 2018.

[4] 中民社会救助研究院. 中国老年人走失状况调查报告 [R]. 北京: 环球网, 2016.

[5] 熊贵彬. 中国走失老人总量测算与区域分布特征分析: 基于全国救助站随机抽样调查 [J]. 人口与发展, 2017 (6): 103-108.

[6] 徐志坚, 周玉升, 于理, 等. 2000 至 2017 年中国 60 岁以上老年人社会支持状况及其影响因素的 Meta 分析 [J]. 中华健康管理学杂志, 2018, 12 (3): 243-251.

[7] 侯梦云, 石金楼. 代际支持对中老年慢性病人群健康影响的实证研究 [J]. 南京医科大学学报 (社会科学版), 2019, 19 (1): 54-57.

[8] 戴冰, 赵攀, 熊梅, 等. 四川省城市老年人社会支持状况及其与抑郁相关性 [J]. 中国老年学杂志, 2018, 38 (16): 4071-4073.

[9] 张持晨, 赵慧宁, 郑晓, 等. 中国空巢老人领域研究现状及热点 [J]. 中国老年学杂志, 2018, 38 (2): 421-424.

[10] 王莉. 临潼区城市老年居民社会支持与心理健康调查 [C] //中国老年学和老年医学学会. 2016 年综合学术研讨会论文集. 北京: 中国社会出版社, 2016: 603-609.

[11] 吴际, 赵碧华. 台湾地区失智老人安养院的社会工作者角色 [J]. 安徽师范大学学报 (人文社会科学版), 2017 (4): 11.

[12] 社本峰. 家庭政策研究: 模式和一些理论问题 [C] //中国人口学会, 2016: 428-435.

第八章　老年人风险等级评估

学习目标

1. 掌握老年人风险等级评估的内容和方法
2. 掌握老年人风险等级报告的撰写方法
3. 熟悉老年人风险等级评估的注意事项
4. 了解跌倒、压疮、噎食、营养不良的表现
5. 了解老年人风险等级评估的目的意义
6. 具有正确使用量表开展老年人风险等级评估的能力
7. 具有正确撰写老年人风险等级评估报告的能力

老年人风险评估包括跌倒、压疮、噎食、营养不良、烫伤、他伤和自伤、走失等方面的评估。本章将重点介绍跌倒风险评估、压疮风险评估、噎食风险评估、营养不良风险评估。

第一节　跌倒风险评估

一、相关概念

（一）跌倒

跌倒是指老年人在养老院等机构突发的、不自主的、非故意的体位改变，可能会倒在地上或更低的平面上。所有无帮助及有帮助的跌倒均为跌倒，老年人从一张较低的床上滚落至垫子（地面）上也应视为跌倒。

（二）跌倒伤害

跌倒伤害是指老年人跌倒后造成不同程度的伤害甚至死亡。

二、跌倒风险评估量表

表 8-1 为住院患者跌倒风险评估表。

表 8-1　住院患者跌倒风险评估表

评估内容	内容解析	评分
病人曾跌倒（3 月内）	在 3 个月内有过跌倒病史	没有＝0，有＝25
超过一个医学诊断	两个及两个以上的明确医院诊断	没有＝0，有＝15
使用助行器具	正常行走、完全卧床、行走有人帮助	没有需要＝0
		完全卧床＝0
		护士扶持＝0
	有拐杖、行走靠助行器	丁形拐杖/手杖/助行器＝15
	无人陪伴及未使用拐杖但是不能正常行走，行走需要扶着家具等器材	扶家具行走＝30
静脉输液/置管/使用药物治疗		没有＝0 有＝20
步态	正常、卧床、轮椅代步	正常/卧床/轮椅代步＝0
	身体乏力虚弱	乏力＝10
	身体平衡失调	失调及不平衡＝20
精神状态	思维清晰、交谈有逻辑、知道自己的能力水平	了解自己的能力水平＝0
	意识障碍/躁动不安/沟通障碍/睡眠障碍	意识障碍/躁动不安/沟通障碍/睡眠障碍＝15
总分	□分	上述各项指标的总得分
分级	□级	0 级：≤10 分，无跌倒风险 1 级：11~25 分，轻度跌倒风险 2 级：26~44 分，中度跌倒风险 3 级：≥45 分，重度跌倒风险
等级更正	出现下列情况之一者，应自动列入高风险：步态不稳、肢体无力、重度贫血、视物不清、意识障碍、头晕、眩晕、精神状态差	

三、跌倒风险评估操作说明

（一）评估场景

（1）评估师可观察老年人步态的协调性、稳定性，是否使用助行器具，是否有静脉输液置管等。

（2）在评估“日常生活活动能力评估——平地行走、上下楼梯”时，评估师可以同时观察步态、平衡性（平衡功能也可参考“Berg 平衡功能量表”）的情况。

（3）评估“感知觉与沟通能力”时，评估师可以同时观察老年人有无视物不清，有无思维障碍和交流障碍或意识障碍等。若“感知觉与沟通能力—意识状况”评估为嗜睡、昏睡或昏迷，那么跌倒风险可以直接评估为“高风险”；若“感知觉与沟通能力—视力”评估为 0~1 分，那么跌倒风险可以直接评估为“高风险”。

（4）评估师可以通过聊天方式，询问老年人最近的精神状态。

（5）评估师可以询问老年人近三个月是否有住院单。住院单可以帮助评估师确定老年人目前的医学诊断及用药情况。

（二）评估注意事项

（1）如果老年人有步态不稳、肢体无力、重度贫血、视物不清、意识障碍、头晕、眩晕、精神状态差等症状，评估师可直接评估为高风险。

（2）如果老年人使用任何静脉治疗设备或留置静脉通路（留置针、输液港等），则评为 20 分；如果老年人不使用上述设备，则评为 0 分。

（3）行走辅助用具与总量表的相关关系最为密切，评估师需要询问患者是否会在家中使用拐杖等辅助用具。

（4）患者没有行走辅助用具，但是其活动及平衡能力缺失，需要使用助行器行走，属于使用行走辅助用具中扶家具行走范畴。

四、跌倒评估的照护建议

表 8-2 为不同跌倒评估等级下的照护服务项目建议。

表 8-2　不同跌倒评估等级下的照护服务项目建议

服务项目	0 级 无跌倒风险	1 级 轻度跌倒风险	2 级 中度跌倒风险	3 级 重度跌倒风险
服务内容	给老年人宣传预防跌倒方案	加强居住环境的评估； 家属与照护者对老年人进行预防跌倒的教育	适老化环境改善； 教育老年人及照护者，老年人在做任何活动时都需要旁人帮助； 降低跌倒危险因素； 提高对老年人的监护级别； 必要时使用助行设施	适老化环境改善； 家庭成员/照护者必须就老年人跌倒的危险因素进行讨论； 降低跌倒危险因素； 随时有人照看老年人，在必要时给予行为限制/束缚

第二节 压疮风险评估

一、相关概念

（一）压疮①

压疮是因为局部组织长期受压，血液循环有障碍而出现持续缺血、缺氧以及组织营养不良的症状，最终使局部组织发生溃烂、坏死。压疮是继发于某些疾病的一种严重并发症。常见部位主要有坐位、仰卧位、俯卧位、侧卧位。

（二）压疮分期

压疮分期主要包括红斑期、水疱期、坏死期、溃疡期、不可分期、深度组织损伤期。

红斑期的症状如图 8-1 所示。

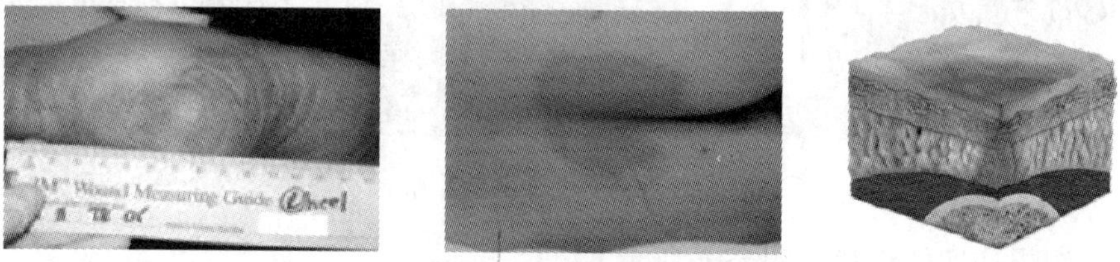

图 8-1 红斑期的症状

水疱期的症状如图 8-2 所示。

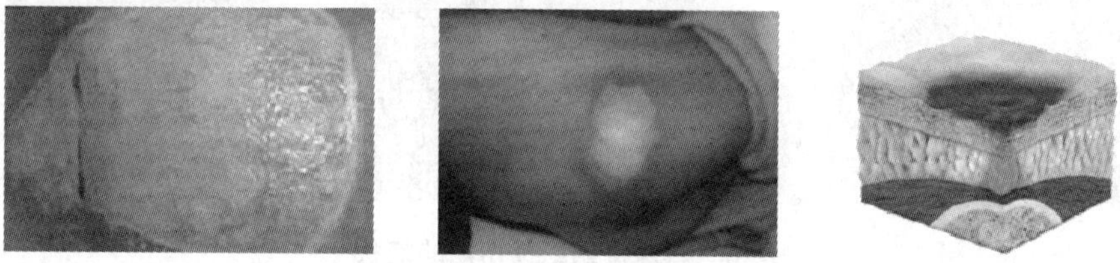

图 8-2 水疱期的症状

坏死期的症状如图 8-3 所示。

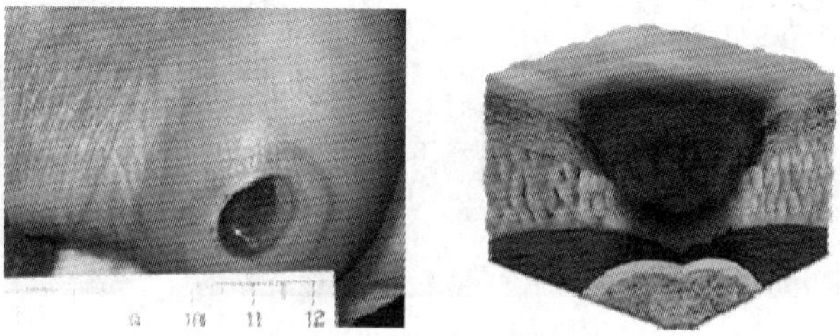

图 8-3 坏死期的症状

① 压疮 2016 年已更名压力性损伤，因目前使用习惯，本书仍以压疮作为名称讲解。

溃疡期的症状如图 8-4 所示。

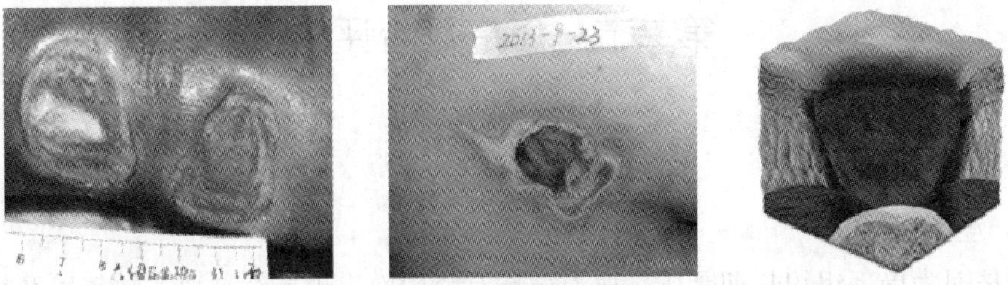

图 8-4 溃疡期的症状

不可分期的症状如图 8-5 所示。

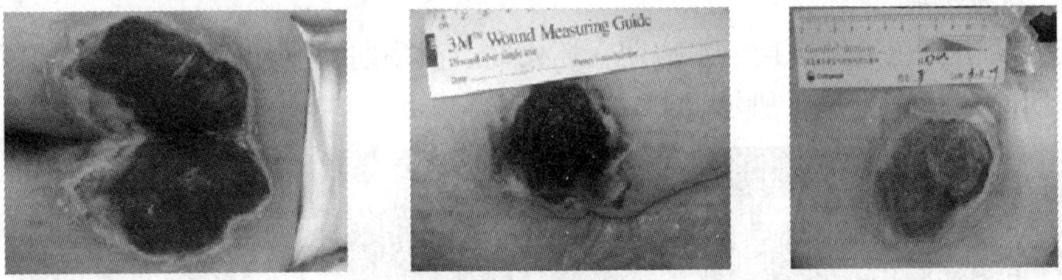

图 8-5 不可分期的症状

深度组织损伤期的症状如图 8-6 所示。

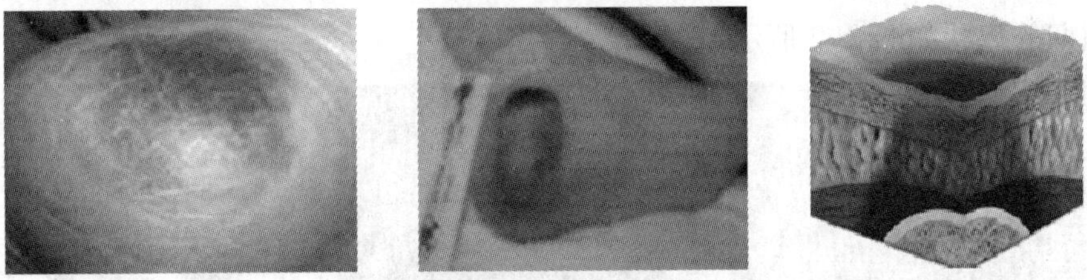

图 8-6 深度组织损伤期的症状

医疗器械相关压力性损伤如图 8-7 所示。

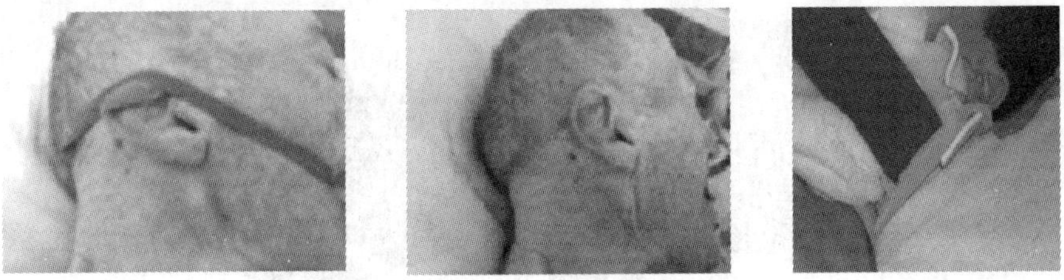

图 8-7 医疗器械相关压力性损伤

黏膜压力性损伤如图 8-8 所示。

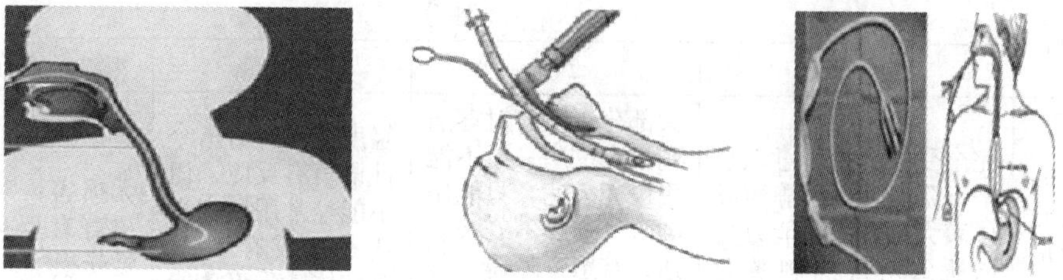

图 8-8　黏膜压力性损伤

（三）导致压疮的危险因素

1. 外源性因素

导致压疮的外源性因素包括压力、剪切力、摩擦力、潮湿。

2. 内源性因素

导致压疮的内源性因素包括营养状况、组织灌注状态、年龄、体重、体温、心理因素。

二、压疮风险评估表

压疮风险评估主要采用 Braden 压疮风险因素评估表（表 8-3 和表 8-4）。

表 8-3　Braden 压疮风险因素评估表（正面）

评估项目	评分			
	1 分	2 分	3 分	4 分
感觉	□完全丧失	□严重丧失	□轻度丧失	□不受损坏
湿度	□持续潮湿	□潮湿	□有时潮湿	□很少潮湿
活动	□卧床不起	□局限于椅子	□偶尔行走	□经常行走
移动	□完全不能	□严重限制	□轻度限制	□不限制
营养	□非常差	□不足	□适当	□良好
摩擦力和剪切力	□有明显问题	□有潜在问题	□无明显问题	/
测评分数	以上各项评分之和			
分级	□级	0 级：评分>18 分，无风险 1 级：15~18 分，低风险 2 级：13~14 分，中风险 3 级：≤12 分，高风险		

表 8-4 Braden 压疮风险因素评估表（背面）

评估项目	评分			
	1分	2分	3分	4分
感知能力：对压力所致不适的反应能力	完全受限：由于意识水平下降、使用镇静药或体表大部分痛觉能力受限所致对疼痛刺激无反应	大部分受限：对疼痛刺激有反应，但不能用语言表达，只能用呻吟、烦躁不安来表达，有感觉障碍，身体一半以上痛觉或感觉不适能力受损	轻度受限：对指令性语言有反应，但不能经常用语言表达不适或有 1～2 个肢体感受疼痛能力或不适能力受损	无损害：对指令性语言有反应，无感觉受损
潮湿程度：皮肤暴露于潮湿中的程度	持续潮湿：每次移动或翻动患者时总能看到皮肤被分泌物、尿液等浸湿	常常潮湿：皮肤频繁受潮，床单至少每天更换一次	偶尔潮湿：皮肤偶尔潮湿，床单需每天更换两次	罕见潮湿：皮肤通常是干的，床单按常规时间更换
活动能力：身体活动的程度	卧床：被限制在床上	坐椅子：不能步行活动，不能耐受自身的体重或和必须借助椅子或轮椅活动	偶然步行：偶尔步行但距离非常短，大部分时间卧床或坐椅子	经常步行：每日在室外步行至少两次，在室内步行至少每 2 小时一次（在白天清醒期间）
移动能力：改变和控制体位的能力	完全不能移动：在无人帮助的情况下，患者不能改变身体或四肢的位置	非常受限：偶然能轻微改变身体或四肢的位置，但不能经常改变或独立地改变体位	轻微受限：能经常独立地做微小的四肢或身体的移动	不受限：不需要协助就能完成较大的和经常的体位改变
营养摄取能力	非常差： a. 从未吃过完整的一餐，很少超过所提供食物的 1/3 b. 每日吃 2 餐或蛋白质较少的食物 c. 摄取水分较少或未将汤类列入日常补充食谱 d. 禁食或和一直喝清流质或静脉输液而大于 5 天	可能不足： a. 罕见吃完一餐，一般只能吃完所提供食物的 1/2 b. 蛋白质摄入仅为 50g c. 偶尔吃完加餐或少量流质或管饲饮食	充足： a. 大多数时间能吃完大于 1/2 的食物 b. 每日蛋白质摄入共 200g 左右 c. 偶尔少吃一餐但常常会加餐 d. 鼻饲或全胃肠外营养（TPN）期间能满足大部分营养需求	丰富： a. 每餐能吃完或基本吃完 b. 从不少吃一餐 c. 每天通常吃 200g 以上的优质蛋白质 d. 不要求加餐
摩擦力和剪切力	存在问题： a. 需要协助才能移动患者 b. 移动患者时，没有托起皮肤与床单表面 c. 患者坐床或椅子时经常出现向下滑动的现象 d. 肌肉痉挛、强直性收缩或躁动不安时会产生持续存在的摩擦力	潜在问题： a. 很费力地移动患者 b. 在移动患者期间，皮肤可能滑动去抵抗床单、椅子带来的阻力 c. 在床上或椅子时，大部分时间能保持良好的体位，偶尔向下滑动	不存在问题： a. 在床上或椅子上能独立移动 b. 移动期间有足够的肌力完全抬举身体及肢体 c. 在床上或椅子上所有时间内都能保持良好的体位	

三、压疮风险评估的操作说明

（一）评估对象

（1）卧床、依赖轮椅的老年人。

（2）在跌倒摔伤后，有用助行器或带有医疗器械如颈托、吸氧器械等的老年人。

（二）评估场景

（1）检查老年人四肢对疼痛的反应。评估师可用棉签在老年人的四肢内侧划痕，观察并询问老年人的反应，来判断老年人的感觉。

（2）询问老年人有无大小便失禁。评估师可以检查床单、衣裤及被褥是否干燥，或者用手摸老年人的皮肤是否干燥，来判断老年人有无大小便失禁。

（3）询问老年人能否下床活动，是否能自主翻身。评估师需要观察老年人的活动及移动情况，判断老年人的活动及移动能力。

（4）在进行日常生活活动能力评估时，评估师需要观察老年人的活动及移动情况，并将其作为压疮评估的依据。

（5）在评估营养摄取能力时，评估师应该以"老年人营养不良风险评估表"的结果为准，不再单独进行评估。

（6）评估师需要观察老年人卧位和坐位的角度和持续时间；观察床单是否平整，床上有无碎屑，患者衣服是否平整、干净、柔软；观察老年人的移动能力（能否抬离接触面）。

（三）评估的注意事项

（1）有评估指标的患者在首次进入机构之后，需在 2 小时内完成压疮风险评估。

（2）在第一次评估后，如果分值大于等于 13 分，建议老年人至少每周进行一次评估；如果分值小于等于 12 分，建议老年人每 72 小时进行一次评估。

（3）如果老年人在养老机构中发生病情变化，导致发生压疮的危险因素改变时，评估师应随时对老年人进行评估。

（4）若有多处压疮，评估师应以最严重的的伤口评估等级为准。

（5）Braden 压疮风险因素评估表不能单独适用于手术期患者的压疮风险因素评估。

四、压疮评估的照护建议

表 8-5 为压疮评估的照护建议。

表 8-5 压疮评估的照护建议

服务项目	0 级 无风险	1 级 低风险	2 级 中风险	3 级 高风险
服务内容	加强压疮风险教育以预防压疮的发生	加强压疮风险教育，教会老年人正确的坐卧位，并提醒其增加营养摄取量	教会老年人正确卧位；减压用具的使用；正确移动患者；皮肤护理、按摩等	教会老年人正确卧位； 减压用具的使用； 正确移动患者； 皮肤护理、按摩； 压疮的处理包括伤口评估、伤口测量、伤口处理、压疮不同分期的处理

第三节 噎食风险评估

一、相关概念

噎食是指食物堵塞咽喉部或卡在食道的第一狭窄处甚至误入气管，而引起呼吸窒息。精神病人发生噎食的窒息者较多，其原因多为病人在服用抗精神病药后，出现锥体外系副作用，从而使吞咽肌肉运动不协调，导致食物误入气管。

二、噎食风险评估表

表 8-6 为噎食风险评估表。

表 8-6 噎食风险评估表

评估项目	标准	得分
年龄>65 岁	是（1 分） 否（0 分）	
阿尔兹海默病重度	是（2 分） 否（0 分）	
血管性痴呆	是（3 分） 否（0 分）	
口服镇静药、流涎明显、吞咽困难	是（4 分） 否（0 分）	
自我意识不清	是（1 分） 否（0 分）	

表8-6(续)

评估项目		标准	得分
自我控制力差，有抢食行为（包括糖尿病抢食等）		是（2分） 否（0分）	
少牙、无牙或全副假牙		是（4分） 否（0分）	
长期卧床不起		是（1分） 否（0分）	
慢性阻塞性肺疾病、喘息、咳嗽、咳痰明显		是（2分） 否（0分）	
总分：			
分级	□级	0级：0~1分，无风险 1级：2~8分，低风险 2级：9~15分，中风险 3级：16~20分，高风险	

三、噎食风险评估操作说明

（一）评估场景

（1）评估师需要观察老年人有无精神病，有无慢性阻塞性肺疾病，有无喘息、咳嗽、咳痰等表现；询问老年人及家属在服用抗精神病药后，是否出现锥体外系副作用。

（2）评估师需要观察或询问老年人及家属有无流口水、吞咽困难的情况，是否出现抢食或自控能力差的行为表现。

（3）评估师需要观察老年人的牙齿情况，判断老年人是否有假牙、少牙、无牙的情况。

（4）评估师需要参考基本信息里“近30天发生噎食的情况”，来判断老年人的噎食风险。

（5）评估师在评估“日常生活活动能力——进食”时，可以一起判断老年人噎食的风险。

（二）评估注意事项

（1）评估师在检查牙齿情况时，不要让老年人感到不适。

（2）糖尿病老年人在控制饮食后，出现抢食的情况也属于抢食。

四、噎食评估的照护建议

表8-7为噎食评估的照护建议。

表 8-7　噎食评估的照护建议

服务项目	0级 无风险	1级 低风险	2级 中风险	3级 高风险
服务内容	加强噎食风险教育	宣传噎食风险教育； 注重开餐前的细节服务工作	宣传噎食风险教育； 注重开餐的细节服务工作； 注意心理护理； 加强饮食护理	宣传噎食风险教育； 注重开餐的细节服务工作； 注意心理护理； 加强饮食护理； 噎食状态抢救

第四节　老年人营养不良风险评估

一、相关概念

（一）营养不良

营养不良是指因为能量、蛋白质及其他营养素摄入不足或过剩而造成的组织、形体和功能改变及相应的临床表现。

（二）营养不良风险

营养不良风险是指现有的或潜在的因素导致出现营养不良的概率及其强度。

（三）体质指数（BMI）

体质指数是一种计算身高和体重的指数。其计算公式是：

$$BMI = 体重 / 身高^2$$

二、老年人营养不良风险评估表

表 8-8 为老年人营养不良风险评估表。

表 8-8　老年人营养不良风险评估表

基本情况					
姓名		年龄（岁）		性别	
身高（m）		体重（kg）		体重指数（kg/m^2）	
联系电话					

表8-8(续)

初筛				
	0分	1分	2分	3分
1. BMI	BMI<19 或 BMI>28	19≤BMI<21 或 26<BMI≤28	21≤BMI<23 或 24<BMI≤26	23≤BMI≤24
2. 近3个月体重变化	减少或增加>3kg	不知道	1kg≤减少≤3kg 或 1kg≤增加≤3kg	0kg<减少<1kg 或 0kg<增加<1kg
3. 活动能力	卧床	需要依赖工具活动	独立在户外活动	—
4. 牙齿状况	全口/半口缺	用义齿	正常	—
5. 神经精神疾病	严重认知障碍或抑郁	轻度认知障碍或抑郁	无认知障碍或抑郁	—
6. 近三个月的食量有无变化	严重增加或减少	增加或减少	无变化	—
初筛结果	□有 □无	<12 分：若提示有营养不良风险，继续以下评估； ≥12 分：若提示无营养不良风险，无须以下评估		
评估				
	0分	0.5分	1分	2分
7. 患慢性病数>3种	是	—	否	—
8. 服药时间在一个月以上的药物种类>3种	是	—	否	—
9. 是否独居	是	—	否	—
10. 睡眠时间	<5h/d	—	≥5h/d	—
11. 户外独立活动时间	<1h/d	—	≥1h/d	—
12. 文化程度	小学及以下	—	中学及以上	—
13. 经济状况	差	一般	良好	—
14. 进食能力	依靠别人	—	自行进食但稍有困难	自行进食
15. 一天餐次	1次	—	2次	3次及以上
16. 每天摄入奶类；每天摄入豆制品；每天摄入鱼/肉/禽/蛋类食品	0~1项	2项	3项	—

表8-8(续)

<table>
<tr><td colspan="2">17. 每天烹调油摄入量</td><td>>25g</td><td>—</td><td>≤25g</td><td>—</td></tr>
<tr><td colspan="2">18. 是否每天吃500g及以上的蔬菜水果</td><td>否</td><td>—</td><td>是</td><td>—</td></tr>
<tr><td colspan="2">19. 小腿围</td><td><31cm</td><td>—</td><td>≥31cm</td><td>—</td></tr>
<tr><td rowspan="2">20. 腰围</td><td>男</td><td>>90cm</td><td>—</td><td>≤90cm</td><td>—</td></tr>
<tr><td>女</td><td>>80cm</td><td>—</td><td>≤80cm</td><td>—</td></tr>
<tr><td colspan="2">小腿围（cm）</td><td colspan="2"></td><td>腰围（cm）</td><td></td></tr>
<tr><td colspan="2">老年人营养不良风险评估分级</td><td>□级</td><td colspan="3">0 级：总分≥12 分，营养状况很好
1 级：总分≥24 分，营养状况良好
2 级：总分 18~23 分，营养状况较差
3 级：总分≤17 分，营养状况极差</td></tr>
<tr><td colspan="6">备注：
1. 若年龄超过 70 岁，总分加 1 分
2. 若 BMI≥24（或男性腰围≥90 cm，女性腰围≥80 cm）时，则可能是肥胖/超重型营养不良或有营养不良风险</td></tr>
</table>

三、营养不良风险评估操作说明

（一）评估场景

1. 初筛的评估场景

（1）测量老年人的身高、体重、小腿围、腰围；检查老年人的牙齿。

（2）询问老年人或家属近 3 个月的体重及食量变化。以上信息只用于营养不良风险的初步评估。

2. 营养不良风险等级评估场景

（1）对于老年人的患病情况、服药情况、居住情况、文化程度、进食能力，评估师可通过查询“疾病状况评估”“老年人基本信息表”“日常生活活动能力——进食”“文化评估”结果进行判断。

（2）评估师可将之前评估的结果向家属或老年人进行复述，以确认信息的准确性。

（3）评估师可询问老年人每天摄入的饮食种类、蔬菜水果类别以及油的摄入量。若老年人有沟通交流或认知障碍，评估师可以询问老年人的主要照顾者。

（二）评估注意事项

1. 身高的测量

老年人赤脚，站在身高计的底板上，脚跟、骶骨部及两肩胛间紧靠身高计的立柱上。测量者站在被测量人的左右均可，将其头部调整到耳屏上缘与眼眶下缘的最低点齐平，再移动身高计的水平板至被测量人的头顶，使其松紧度适当。

2. 体重的测量

测量体重时，老年人应脱去鞋帽和外衣，仅穿背心和短裤，在秤台中央站稳，不能晃动。

3. 小腿围的测量

老年人站立，测量者用软尺水平地绕过健侧小腿肚测得的最大小腿围长。

4. 腰围的测量

老年人双足并拢，挺直站立，腰肌放松，测量者用软尺在最下肋骨和上髂嵴中间处测得的躯干水平围长。

四、营养不良评估的照护建议

表 8-9 为营养不良评估的照护建议。

表 8-9　营养不良评估的照护建议

服务项目	0 级 营养状况很好	1 级 营养状况良好	2 级 营养状况较差	3 级 营养状况极差
服务内容	养成良好的饮食习惯； 注意饮食卫生	养成良好的饮食习惯； 注意饮食卫生； 膳食平衡宣传； 加强老年膳食营养需求	跟进老年人情况制定老年膳食营养需求； 补充营养制剂	必要情况下选择就医； 加强肠内营养、肠外营养

第五节　老年人风险等级评估报告

表 8-10 为老年人风险等级评估报告。

表 8-10　老年人风险等级评估报告

一级指标分级	跌倒风险评估：□级	压疮风险评估：□级
	噎食风险评估：□级	营养不良风险评估：□级
老年人风险等级标准	0 级（无风险）：跌倒风险、压疮风险、噎食风险均为 0 级，营养不良风险为 0~1 级； 1 级（低风险）：跌倒风险为 0 级，但压疮风险、噎食风险中至少一项分级为 1 或 2 级，或营养不良风险为 2 级；或跌倒风险为 1 级，压疮风险、噎食风险，营养不良风险中至少一项为 0~1 级； 2 级（中风险）：跌倒风险为 1 级，压疮风险、噎食风险，营养不良风险均为 2 级，或营养不良风险为 3 级；或跌倒风险为 2 级，压疮风险、噎食风险，营养不良风险有 1~2 项为 1 或 2 级； 3 级（高风险）：跌倒风险、压疮风险、噎食风险任意一项为 3 级；或跌倒风险、压疮风险、噎食风险，营养不良风险均为 2 级；或跌倒风险为 2 级，且压疮风险、噎食风险，营养不良风险中至少一项为 3 级；	
老年人风险等级	□ 级　　0 级：无风险；1 级：低风险；2 级：中风险；3 级：高风险	
评估师签名________、________ 信息提供者签名________	日期______年____月____日 日期______年____月____日	

第六节　养老服务建议

表 8-11 为养老服务建议。

表 8-11　养老服务建议

防范项目	风险防控要点
防跌倒	老年人居室、厕所、走廊、楼梯、电梯、室内活动场所等应保持地面干燥，无障碍物； 应观察老年人服用药物后的反应； 有跌倒风险的老年人在起床、行走、如厕时，应配备助行器具或由工作人员协助； 在地面保洁等清洁服务实施前及过程中，应放置安全标志

表8-11（续）

防范项目	风险防控要点
防噎食	为有噎食风险的老年人提供适合其身体状况的食物； 有噎食风险的老年人在进食时应在工作人员视线范围内，或由工作人员帮助其进食； 注意老年人咀嚼与吞咽功能状态； 注意喂食姿势：如果喂食者位于老年人的侧面，则从下方将食物送入老年人口中；如果老年人坐着进食，应注意坐姿，保持身体微倾； 注意喂食速度：老年人的喂食速度不宜过快，需待老年人吞咽完第一口再喂第二口，并确认是否已经咽下； 注意食物进食量：食物量为大匙的 1/3，小匙的 1/2 为宜； 注意食物温度：保持温度适中，一般在 50℃左右为宜
防压疮	应对有压疮风险的老年人进行检查，注意观察老年人的皮肤是否干燥、颜色有无改变、有无破损，尿布、衣被等是否干燥、平整； 预防压疮的措施包括：变换体位、清洁皮肤、器具保护、整理床铺并清除碎屑； 压疮预防要点：①加强蛋白质等营养摄入；②及时清理两便，保持皮肤干燥；③床单元保持整洁、干燥、平整、床上无碎屑；④避免过度受压，可通过局部按摩、定时更换体位、加强翻身等方式来避免； 预防皮肤过度受压的措施包括：①局部按摩；②定时更换体位、坐位、卧位交替；③翻身
防烫伤	倾倒热水时应避开老年人； 洗漱、沐浴前应调节好水温，盆浴时先放冷水再放热水； 水温：夏天在 37℃～38℃，冬天在 40℃～43℃； 应避免老年人进食高温食物； 应避免老年人接触高温设施设备与物品，如开水炉、高温消毒餐具、加热后的器皿
防食品药品误食	应定期检查食品保质期，防止老年人误食过期或变质的食品； 发现老年人或相关第三方带入不适合老年人食用的食品，应与老年人或相关第三方沟通后进行处理； 提供服药管理服务的机构，应与老年人或相关第三方签订服药管理协议，准确核对发放药品； 发生误食情况时应及时通知专业人员
防坠床	应对有坠床风险的老年人进行重点观察与巡视； 应帮助有坠床风险的老年人上、下床； 睡眠时应拉好床护栏； 应检查床单元的安全状况 注：床单元一般是指院内一张病床所包含的基本物品（床、床垫、被子、褥子、枕头、被罩、床单、枕套）等
防他伤和自伤	发现老年人有他伤和自伤风险时应进行干预疏导，并告知相关第三方； 应有专人管理易燃易爆、有毒有害、尖锐物品、吸烟火种、消毒物品等； 对于有认知障碍、情绪行为有异常的患者，应对易造成伤害的利器等进行集中管理； 若发生他伤和自伤情况，应及时制止并视情况报警，同时及时告知相关第三方

表8-11(续)

防范项目	风险防控要点
防走失	对于有走失风险的老年人，应重点观察、巡查； 为老年人配备可穿戴的定位服务设备
防文娱活动意外	体育活动应匹配老年人的体能情况，不能过于剧烈； 在体育活动区显著位置设置体育活动器材的安全注意事项和警示标志； 有医生随同参加文娱活动； 应观察老年人的身体和精神状态； 应对活动场所进行地面防滑、墙壁边角和家具防护处理

思考题

1. 简述老年人风险等级评估的内容。

2. 老年人风险等级评估的核心指标是什么？

3. 老年人压疮的分级包括哪些？

4. 如何准确使用压疮风险评估表、跌倒风险评估表、噎食风险评估表、营养不良评估评估表？

5. 如何准确撰写老年人风险等级评估报告？

参考文献

［1］宋岳涛. 老年综合评估［M］. 北京：中国协和医科大学出版社，2012.

［2］陈峥. 老年综合征管理指南［M］. 北京：中国协和医科大学出版社，2010.

［3］阮恒芳，黄水英，徐桂红，等. 新护士应用 Morse 评分量表预防住院病人跌倒情况的调查分析［J］. 全科护理，2012，10（10）：2669-2670.

［4］刘墩秀，丁福，何锡珍，等. 汉化版 Morse 跌倒评估表临床应用现状调查及对策［J］. 护理学杂志，2014，29（19）：37-39.

［5］项丹妮，郑松柏. 老年病科常用评估工具及其应用［J］. 中华老年病研究电子杂志，2018，5（1）：23-36.

［6］周君桂，李亚洁，范建中，等. 临床护士应用 Morse 跌倒评估量表情况分析［J］. 护理学杂志，2010，25（10）：11-13.

［7］王雅磊，刘腊梅，张振香. 老年人跌倒评估工具的研究进展［J］. 中国老年学杂志，2019，39（9）：2294-2298.

［8］李健玲，罗细玲，李蜀，等. 住院患者跌倒的预防和护理［J］. 中医临床研究，2018，10（3）：111-113.

［9］侯珏，闫爱辉. 国内养老机构中老年人跌倒的研究进展［J］. 中国民康医学，2018，30（17）：68-70.

［10］宰坤，刘春艳，王庆，等. 老年患者压疮发生的危险因素和护理管理［J］. 中国卫生产业，2017，14（12）：116-117.

［11］宋雪露. Braden 危险因素评估表在压疮预防中的作用［J］. 中国社区医师，2017，33（10）：127-128.

［12］张春燕. Braden 压疮风险评估量表在高龄患者压疮预防管理中的应用［J］. 中西医结合研究，2016，8（6）：327-328.

［13］周丽. 应用 Braden 量表（修订版）评估压疮危险评估因素［J］. 中国冶金工业医学杂志，2016，33（5）：515-516.

［14］张培书. 老人易噎食，正确处理很关键［J］. 家庭医药·快乐养生，2020（4）：76.

［15］王湾湾，李园园，石小天，等. 老年住院患者衰弱的影响因素分析及其与营养不良的相关性研究［J］. 中国全科医学，2021，24（6）：678-684.

［16］刘欣艺，乔晓霞，金雅茹，等. 营养不良在社区老年人抑郁和衰弱之间的中介作用. 中国老年学杂志，2019，39（18）：4592-4595.

［17］张莉，柯香君，童晓琼，等. 失智老人的护理风险评估及照护策略探讨［J］. 阿尔茨海默病及相关病，2020，3（1）：42-45.

［18］沈丽，戴爱武. 老年人噎食护理风险管理在养老机构中的应用［J］. 中国保健营养，2019，29（8）：228-229.

［19］吴惠蓉. 老年患者噎呛的原因及护理干预［J］. 西南军医，2018，20（3）：385-386.

［20］孙丽凯，周雁琼，陈俊春. 基于吞咽功能评估的老年病人误吸风险分级护理实践研究［J］. 护理研究，2015，（11）：1336-1338.

［21］朱丹，曾平，韩凤，等. 京津地区养老机构《老年人营养不良风险评估》应用效果评价研究［J］. 中国全科医学，2020，23（24）：3081-3085.

［22］瞿茜，蔡春凤. 老年人营养不良相关研究文献计量学分析［J］. 预防医学情报杂志，2020，36（3）：365-370.

［23］张岱，唐芳馨，王炳元. 重视老年人营养状况的评估［J］. 现代医药卫生，2020，36（16）：2481-2483.

［24］王艳，杨典秋. 长期家庭照护老年人的营养不良及对策［J］. 中国保健营养，2020，30（14）：313.

第九章　常见老年综合征的评估

学习目标

1. 掌握老年人疼痛、尿失禁、大便失禁、多重用药评估的内容和方法
2. 掌握常见老年综合征评估报告的撰写
3. 熟悉常见老年综合征评估的注意事项
4. 熟悉常见老年综合征常见量表的使用
5. 了解常见老年综合征的风险及防御措施
6. 具有运用相关量表实施评估的能力
7. 具有撰写老年综合征评估报告的能力

老年综合征是指随着年龄增长，老年人各器官系统功能退化而出现的一系列非特异性的症状和体征，这些症状会严重损害老年人的生活功能，明显降低生活质量，显著缩短预期寿命。老年综合征常见的症状包括：头晕、谵妄、失眠、疼痛、尿失禁、大便失禁、便秘、多重用药等。本章主要介绍疼痛、尿失禁、大便失禁、多重用药。

老年综合征的评估是养老机构在老年人进入机构之后，为规避相关综合征风险而进行的评估，是增加所需相关服务、照护项目的凭证，也是调整照护计划的依据。

第一节　疼痛评估

一、相关概念

疼痛是老年人的主观感受，是临床上最常见的症状之一，是由各种损伤引发的不愉快感觉和情感体验。有慢性疼痛的老年人更容易出现功能受限、抑郁和焦虑，他们可能有社会交际能力降低、失眠和食欲障碍等问题。

案例分析

张某，女，58岁，有20余年偏头痛病史。其偏头痛为家族遗传，张某在每次头痛时会伴有头晕脑胀、多梦易醒、睡眠质量很差等症状。

对该老年人的评估应如何选择疼痛评估工具？

二、疼痛的评估方法

疼痛的评估方法主要包括视觉模拟评分法、疼痛数字分级法、面部表情疼痛量表法、言语描述量表法、行为疼痛评估量表法。

（一）视觉模拟评分法（VAS）

视觉模拟评分法是一种简单、有效的测量方法。该方法可以广泛地用于临床和研究工作中，设计了数量值可获得疼痛的快速指标。VAS 通常采用 10cm 长的直尺，在直尺两端分别标有“无疼痛”（0）和“最严重的疼痛”（10）（或类似的描述语）。病人根据自己的疼痛程度，在直尺上某一点作一记号，以表示疼痛的强度及心理上的冲击。从起点至记号处的距离就是疼痛的量。图 9-1 为视觉模拟评分法示意图。

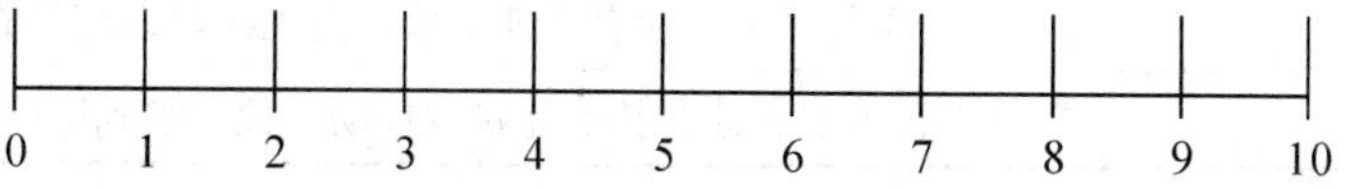

0~2：表示舒适；3~4：表示轻度不舒适；5~6：表示中度不舒适；
7~8：表示重度不舒适；9~10：表示极度不舒适。

图 9-1　视觉模拟评分法示意图

（二）疼痛数字分级法（NRS）

图 9-2 为疼痛数字分级法示意图。0~10 代表不同程度的疼痛，0 为无痛，10 为剧痛。

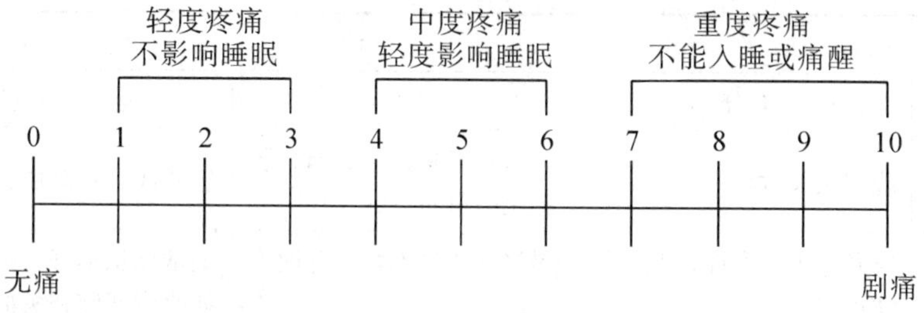

图 9-2　疼痛数字分级法示意图

（三）面部表情疼痛量表法（FPS）

FPS 较为客观、方便，是在模拟法的基础上发展而来的。该方法使用从快乐到悲伤及哭泣的 6 个不同的表情来表示疼痛程度，简单易懂，适用面相对较广。该方法对于不能完全用语言表达清楚的老年人，也可供临床参考。图 9-3 为面部表情疼痛量表法示意图。

图 9-3　面部表情疼痛量表法示意图

（四）言语描述量表法（VRS）

言语描述量表法采用无痛、轻度疼痛、中度疼痛、重度疼痛、剧烈疼痛、无法忍受等词语来表达疼痛的程度。该方法使用的词语易于理解，可口头表达，沟通方便，能够满足老年人的心理需求，但不适用于有语言表达障碍的老年人。言语描述量表如表 9-1 所示。

表 9-1　言语描述量表

疼痛级别	疼痛表现
轻度疼痛	可忍受，能正常生活、睡眠
中度疼痛	轻度影响睡眠，需用止痛药
重度疼痛	干扰睡眠，需用麻醉类止痛药
剧烈疼痛	干扰睡眠，伴有其他症状，需到医院系统检查
无法忍受	严重干扰睡眠，伴有其他症状或被动体位，需到医院系统检查

（五）行为疼痛评估量表法（BPS）

行为疼痛评估量表法的评估基础是疼痛的生理反应。该方法有 5 个评估指标，即脸部表情、休息、肌肉紧张程度、发声、安抚。该方法适用于无法配合完成评估的成人及婴幼儿。行为疼痛评估量表如表 9-2 所示。

表 9-2　行为疼痛评估量表

项目	分值		
	0 分	1 分	2 分
脸部表情	脸部肌肉放松	脸部肌肉紧张，皱眉，脸部肌肉扭曲	经常或一直皱眉，咬紧牙床
休息	安静，表情安详，肢体活动正常	偶尔有休息不好，并改变体位	经常休息不好，频繁改变体位，如改变四肢和头部体位
肌肉紧张程度	肌肉张力正常，肌肉放松	肌肉张力增加，手指或脚趾屈曲	肌肉僵硬
发声	无异常发声	偶尔发出呻吟声或哼声，哭泣或啜泣	频繁发出呻吟声或哼声，哭泣或啜泣

表9-2(续)

项目	分值		
	0分	1分	2分
安抚	满足的，放松的	能够通过谈话、分散注意力得到安抚	很难通过抚摸、交流得到安抚

三、疼痛评估的操作说明

1. 评估对象

疼痛评估主要用于受到疼痛问题困扰的老年人。

2. 评估场景

（1）疼痛评估主要用于老年人自我感受的疼痛程度的主观评价，也可用于评估疼痛的缓解情况。

（2）疼痛评估可使用询问法、自填法、观察法完成。询问法和自填法一般用于理解能力较好的老年人。观察法主要用于不配合评估师的老年人。

（3）对于理解或语言表达能力较弱的老年人，评估师可用面部表情疼痛量表法进行疼痛评估。

3. 评估注意事项

（1）对于服用止痛药的老年人，评估师应询问其镇痛方法、止痛药物、止痛药剂量、止痛途径及止痛效果，这些信息可用于辅助判断老年人的实际疼痛程度。

（2）VAS、NRS、FPS、VPS 都是对疼痛问题的主观评价，评估结果取决于患者的理解和表达能力，敏感性和准确性不足，评估师可结合 BPS 辅助判断。

（3）若老年人的镇痛方法、止痛药物、止痛药剂量、止痛途径发生变化，评估师必须重新进行评估（非消化道途径给予镇痛药物后 30 分钟内必须评重新估；口服途径给予镇痛药物后 1 小时内必须重新评估）。

（4）当老年人出现新的疼痛时必须再次评估。

（5）昏迷和病人正常入睡时，不需要进行疼痛评估。

四、疼痛评估的照护建议

疼痛评估的照护建议如表 9-3 所示。

表 9-3 疼痛评估的照护建议

服务项目	0 级 无疼痛	1 级 轻度疼痛	2 级 中度疼痛	3 级 重度疼痛以上
服务内容	可关注老年人的健康状况，注意对老年人进行疼痛评估的提问方式	协助老年人通过就医服务等方法明确疼痛的原因并获得缓解疼痛的方法； 开展缓解疼痛的康复指导	协助老年人通过就医服务等方法明确疼痛的原因并获得缓解疼痛的方法； 开展缓解疼痛的康复指导	尽快协助老年人通过就医服务等方法明确疼痛的原因并获得缓解疼痛的方法 开展缓解疼痛的康复指导

第二节 尿失禁评估

一、相关概念

（一）尿失禁概念

尿失禁是指尿液不受主观意志控制而从尿道口流出。尿失禁在各年龄段均可出现，但以老年人更常见，这不是衰老的表现，也不是不可逆的。

（二）老年性尿失禁的分类及原因

老年性尿失禁主要分为压力性尿失禁、急迫性尿失禁、充盈性尿失禁、功能性尿失禁。

1. 压力性尿失禁

压力性尿失禁的原因有：骨盆底肌或括约肌松弛、尿道问题、腹部压力增加。

2. 急迫性尿失禁

急迫性尿失禁的原因有：逼尿肌问题、中枢系统控制不良。

3. 充盈性尿失禁

充盈性尿失禁的原因有：膀胱收缩不良、患有合并糖尿病或脊柱外伤疾病。

4. 功能性尿失禁

功能性尿失禁的原因有：心理因素、神经系统问题。

案例分析

梁某某，男，63 岁，入住养老院前就出现尿频、尿急、尿失禁等症状，且常使用保鲜袋接尿。

如何对老年人进行尿失禁评估？

二、尿失禁评估量表

表 9-4 为国际尿失禁咨询委员会尿失禁问卷表简表。

表 9-4　国际尿失禁咨询委员会尿失禁问卷表简表（ICI-Q-SF）

序号	评估项目	评估内容	评分	得分
1	您的出生日期	年　月　日		
2	性别	男　女		
3	您遗尿的频率	从来不漏尿	0	
		一星期大约漏尿 1 次或经常不到 1 次	1	
		一星期漏尿 2 次或 3 次	2	
		每天大约漏尿 1 次	3	
		一天漏尿数次	4	
		一直漏尿	5	
4	您漏尿的量是多少（不管您是否使用了防护用品）？	不漏尿	0	
		少量漏尿	2	
		中等量漏尿	4	
		大量漏尿	6	
5	总体上看，漏尿对您日常生活影响程度如何？	请在 0（表示没有影响）~10（表示有很大影响）之间的某个数字上画圈。 0　1　2　3　4　5　6　7　8　9　10		
6	什么时候发生漏尿？	从不漏尿		
		未能到达厕所就会有尿液漏出		
		在咳嗽或打喷嚏时漏尿		
		在睡着时漏尿		
		在活动或运动时漏尿		
		在小便完和穿好衣服后漏尿		
		在没有明显理由的情况下漏尿		
		在所有时间内漏尿		

该量表的评分标准：将第 3~5 个问题的分数相加为总分。总分为 0~21 分，代表患者症状的严重程度，分值越高，症状越重。0 分代表无症状，不需要任何处理；1~7 分代表轻度尿失禁，不需要佩戴尿垫，患者可在医师或康复师的指导下进行自控训练；8~14 分

代表中度尿失禁，需要佩戴尿垫，患者可进行物理治疗或手术治疗；15~21 分代表重度尿失禁，严重影响正常生活和社交活动，患者需到专科医院或老年病医院进行系统治疗。

三、尿失禁评估操作说明

（一）评估场景

（1）要求老年人仔细回想近 4 周来的症状，并填写问卷。如果老年人存在沟通障碍，评估师可询问老年人的照护者。

（2）最后一个问题可多选，但不计入问卷评分，其目的是帮助评估师进一步确定尿失禁的类型。

（3）观察老年人有无出现尿失禁的症状，如身上有尿骚味等。

（二）评估注意事项

（1）评估师在询问时可以结合“第五章 疾病状况评估”的内容，了解老年人尿失禁有关的病史，如膀胱括约肌损伤或神经功能障碍而造成排尿自控能力丧失等，以确保信息的准确性。

（2）评估师要考虑老年人的自尊心，注意多运用沟通技巧来加强与老年人的沟通。

（3）评估师要注意询问老年人的药物使用情况。

四、尿失禁评估的照护建议

表 9-5 为尿失禁评估的照护建议。

表 9-5　尿失禁评估的照护建议

服务项目	0 级 无症状	1 级 轻度尿失禁	2 级 中度尿失禁	3 级 重度尿失禁
尿失禁照护	不需要处理	不需要佩戴尿垫，患者可在医师或康复师的指导下进行自控训练	需要佩戴尿垫，患者可进行物理治疗或手术治疗	严重影响正常生活和社交活动，患者可到专科医院或老年病医院进行系统治疗

第三节　大便失禁评估

一、相关概念

（一）大便失禁的概念

大便失禁，亦称肛门失禁，是指粪便及气体失去正常控制，不自主地流出肛门外，是排便功能紊乱的一种症状。

（二）大便失禁的分类及原因

大便失禁的类型主要有：肌源性大便失禁、神经源性大便失禁、功能性大便失禁。

1. 肌源性大便失禁

肌源性大便失禁的原因包括：肛门内外括约肌和肛提肌等肌肉松弛、张力降低、缺失或有大面积瘢痕。

2. 神经源性大便失禁

神经源性大便失禁的原因包括：神经功能障碍或损伤。

3. 功能性大便失禁

功能性大便失禁的原因包括：有便秘史或粪便嵌顿史，有肛门、直肠动力障碍。

二、大便失禁评估量表

表 9-6 为大便失禁严重度评分量表。

表 9-6　大便失禁严重度评分量表

评分项目	从不	很少	有时	经常	总是
固体	0	1	2	3	4
液体	0	1	2	3	4
气体	0	1	2	3	4
衬垫	0	1	2	3	4
对生活的影响	0	1	2	3	4

注：①从不：是指在过去 4 周内没有发生大便失禁的情况。

②很少：是指在过去 4 周内发生了 1 次大便失禁的情况。

③有时：是指在过去 4 周内发生大便失禁的情况大于 1 次，但在一周内发生大便失禁的情况小于 1 次。

④经常（每周）：是指每周发生大便失禁的情况大于 1 次，但每天大便失禁的情况的情况小于 1 次。

⑤总是（每天）：是指一天发生大便失禁的情况次数大于 1 次。

0 分代表能完全控大便制；1~3 分代表能较好地控制大便；4~8 分代表大便轻度失禁；9~14 分代表大便中度失禁；15~18 分代表大便重度失禁；19~20 分代表大便完全失禁。

三、大便失禁评估的操作说明

（一）评估场景

（1）要求老年人仔细回想近 4 周来的症状，并填写问卷。如果老年人存在沟通障碍，评估师可询问其照护者。

（2）观察老年人对大便控制的态度，如坦然接受、愿意接受帮助并希望改善；不太关心失禁问题，认为随便处理即可；对失禁无意识或完全不关注，或有自卑心理。

（二）评估注意事项

（1）评估师在询问时可结合“第五章 疾病状况评估”的内容，了解老年人大便失禁有关的病史，如有无肛门内外括约肌、肛提肌松弛；神经功能障碍或损伤引起的排便失禁病史，以核实信息的准确性。

（2）评估师要考虑老年人的自尊心，注意多运用沟通技巧来加强与老年人的沟通。

四、大便失禁评估的照护建议

表 9-7 为大便失禁评估的照护建议。

表 9-7　大便失禁评估的照护建议

服务项目	0 级 能完全控制大便	1 级 能较好控制大便	2 级 大便轻度失禁	3 级 大便中度失禁	4 级 大便重度失禁	5 级 大便完全失禁
大便失禁照护	不需要处理	改善排便习惯、调整饮食结构等	不需要佩戴护垫，患者可在医师或康复师的指导下进行自控训练	需要佩戴护垫，患者可进行物理治疗或手术治疗	严重影响正常生活和社交活动，患者可到专科医院或老年病医院进行系统治疗	严重影响正常生活和社交活动，患者可到专科医院或老年病医院进行系统治疗

第四节　多重用药评估

一、相关概念

老年多重用药是指老年患者每天使用 5 种及以上的药物，可分为适当多重用药和不适当多重用药。两者在内涵上存在较大差异，前者是指老年人因多病共存，具备接受多种药物治疗的必然性；后者则是存在过度或不适当的处方用药风险。

老年人多重用药的后果是：产生药物不良反应或发生药物中毒；增加老年综合征的发病风险；依从性降低，影响老年人的生活质量。

二、多重用药评估表

表 9-8 为多重用药评估表。

表 9-8 多重用药评估表

评估项目	评估内容
多重用药情况	是否属于多重用药？ 每天服用几种药物？ 用于治疗几种疾病？
多重用药的类型	属于适当多重用药还是不适当多重用药？ 多重用药情况是否遵医嘱？
药物不良反应	是否发生药物不良反应？

三、多重用药评估的操作说明

（一）评估对象

多重用药评估适用于有多种疾病、有多重用药情况的老年人。

（二）评估场景

（1）多重用药评估是在老年人疾病状况评估结果的基础上实施的。

（2）多重用药评估采用访谈法和观察法进行，通过了解老年人的用药情况（包括用药种类、针对的疾病或健康问题、用药的参考用量与实际用量、用药途径、用药效果等），根据访谈结果进行多重用药评估。

（三）评估注意事项

（1）评估师在进行多重用药评估时，可结合“第五章 疾病状况评估”进行访谈。

（2）了解多重用药的类型的目的是了解老年人有无过度或不适当的处方用药风险。

（3）评估师需结合老年人使用的药物来确认其药物不良反应。

四、多重用药评估的照护建议

（1）对于老年人的用药问题，尤其是多重用药问题，评估师应为老年人安排专业医生，为其提供专业的用药指导，避免老年人自行用药或听信非专业用药建议。

（2）对于老年人有联合用药或多重用药的情形，评估师应谨慎评估，建议老年人使用权威医疗机构所开的用药处方。

（3）老年人用药应遵循安全、有效、经济和适当的原则。表 9-9 为老年患者潜在的不适当用药。表 9-10 为老年患者的慎用药物。

表 9-9　老年患者潜在的不适当用药

疾病	药物	使用建议
心力衰竭（心衰）	非甾体类消炎药（NSAIDs）及环氧化酶（COX-2）抑制剂、地尔硫卓、维拉帕米（仅在收缩性心衰患者中避免）、罗格列酮、吡格列酮、西洛他唑	避免使用；导致体液潴留，加重心衰症状
晕厥	胆碱酯酶抑制剂、多沙唑嗪、哌唑嗪、特拉唑嗪、叔胺类 TCAs、氯丙嗪、奥氮平	避免使用；增加体位性低血压或心动过缓的风险
癫痫或癫痫发作	氯丙嗪、氯氮平、马普替林、奥氮平、曲马多	避免使用；降低癫痫发作阈值
谵妄	所有 TCAs、抗胆碱能药、苯二氮卓类、氯丙嗪、糖皮质激素、H2 受体拮抗剂、哌替啶、镇静催眠药	避免用于存在谵妄风险的老年人；需缓慢停药
痴呆及认知功能受损	抗胆碱能药、苯二氮卓类药、H2 受体拮抗剂、思诺思、抗精神病药	有中枢神经系统不良反应的患者，应避免使用；避免用于痴呆患者的行为异常问题，除非非药物治疗失败或患者对自己或他人造成威胁；会增加痴呆患者的脑血管意外或死亡风险
跌倒及骨折史	抗惊厥药、抗精神病药、苯二氮卓类药，非苯二氮卓类镇静催眠药（佐匹克隆、唑吡坦）	避免使用，除非其他可选药物不可用；避免使用抗惊厥药用于癫痫以外的治疗；可能导致共济失调、损伤精神运动功能、晕厥及跌倒；短效苯二氯Ⅲ类药并不比长效药更安全
失眠	伪麻黄碱、去氧肾上腺素、哌甲酯、茶碱、咖啡因	避免使用
帕金森病	所有抗精神病药（喹硫平及氯氮平除外）、甲氧氯普胺、异丙嗪	避免使用；多巴胺受体拮抗剂可能加重帕金森病的症状
慢性便秘	达非那新、索非那新、托特罗定、地尔硫卓、维拉帕米、氯苯那敏、赛庚啶、苯海拉明、异丙嗪、抗精神病药、颠茄类生物碱、莨菪碱、东莨菪碱、阿米替林、多塞平	避免使用，除非无其他选择；可能加重便秘症状
消化性溃疡	阿司匹林>325mg/d，非 COX-2 选择性 NSAIDs	避免长期使用，除非其他可选择药物的疗效不佳，患者应服用胃粘膜保护剂；可能加重已存在的溃疡症状或引起新溃疡
慢性肾病Ⅳ～Ⅴ期	NSAIDs、氨苯碟啶	避免使用；会增加肾损伤风险（氨苯碟啶影响较小）

表9-9(续)

疾病	药物	使用建议
女性尿失禁	雌激素	女性应避免使用，会加重尿失禁
下尿路感染症状、良性前列腺增生	抗胆碱能制剂、强效抗胆碱药（用于尿失禁的抗胆碱能药物除外）	男性应避免使用；会导致尿流变细、尿潴留
压力性或混合性尿失禁	多沙唑嗪、哌唑嗪、特拉唑嗪	女性应避免使用，会加重尿失禁

表 9-10　老年患者的慎用药物

药物	使用建议
阿司匹林	≥80 岁的老年人慎用；缺少证据显示，在≥80 岁老年人中使用后获益大于风险
普拉格雷	≥75 岁老年人慎用
抗精神病药、卡马西平、顺铂、米氮平、羟色胺与去甲肾上腺素再摄取抑制剂类，五羟色胺再摄取抑制剂（SSRIs）、三环类抗抑郁药（TCAs）、长春新碱	慎用，可能会引起或加重抗利尿素分泌异常综合症（SLADH）或低钠血症；老年人开始使用或调整剂量期间需密切监测血清钠
扩血管药	慎用，有昏厥史的患者使用该类药物后可能会加重昏厥症状

第五节　老年综合征评估报告

表 9-11 为老年综合征评估报告。

表 9-11　老年综合征评估报告

一级指标分级	评估结果
疼痛评估	□0 级（无疼痛） □1 级（轻度疼痛） □2 级（中度疼痛） □3 级（重度疼痛）
尿失禁	□0 级（无症状） □1 级（轻度尿失禁） □2 级（中度尿失禁） □3 级（重度尿失禁）

表9-11(续)

一级指标分级	评估结果
大便失禁	□0 级（能完全控制大便） □1 级（能良好控制大便） □2 级（大便轻度失禁） □3 级（大便中度失禁） □4 级（大便重度失禁） □5 级（大便完全失禁）
多重用药评估	对多重用药情况进行描述
评估师签名________、________ 信息提供者签名________	日期______年____月____日 日期______年____月____日

思考题

1. 简述老年综合征的含义和内容。
2. 疼痛评估的主要方法与判断要点。
3. 尿失禁的评估方法与判断要点。
4. 大便失禁的评估方法与判断要点。
5. 多重用药评估的基本思路与照护建议的要点。

参考文献

［1］宋岳涛．老年综合评估［M］．北京：中国协和医科大学出版社，2012.

［2］于普林．老年医学［M］．2 版．北京：人民卫生出版社，2017.

［3］陈峥．老年综合征管理指南［M］．北京：中国协和医科大学出版社，2010.

［4］项丹妮，郑松柏．老年病科常用评估工具及其应用［J］．中华老年病研究电子杂志，2018，5（1）：23-36.

［5］杨淑云，李丽．老年慢性疼痛患者的护理［J］．继续医学教育，2018，32（11）：122-123.

［6］张云轩，沈杰，周海峰，等．减少老年患者多重用药评估方法的研究进展［J］．中国临床药学杂志，2017，26（5）：349-352.

[7] 程云，程倩秋. 老年人尿失禁的评估与护理 [J]. 上海护理，2019，19 (3)：73-75.

[8] 吴玥，汪银锋，谢臻蔚. 老年女性压力性尿失禁的评估与治疗 [J]. 中华老年病研究电子杂志，2018，5 (2)：23-26.

第十章 老年人认知症等级评估

学习目标

1. 掌握老年人认知症等级评估的内容和方法
2. 掌握老年人认知症等级评估报告的撰写技能
3. 熟悉老年人认知症等级评估的注意事项
4. 了解老年人认知症等级评估的目的和意义
5. 了解老年人认知症的概念和典型特点
6. 具有正确撰写老年人认知症等级评估报告的能力

第一节 认知症概述

一、认知症的概念

认知症是因为各种原因引起的脑部病变而导致的认知功能障碍。认知症的主要类型有阿尔兹海默病、血管型认知症、路易体认知症以及混合型认知症。其中，阿尔兹海默病最为常见，占所有认知症患者的三分之二左右。

二、认知症的病因

认知症的病因有很多。根据病因的不同，我们可以将认知症分为原发性认知症和继发性认知症。

（一）原发性认知症

原发性认知症的病因不明，如阿尔茨海默病、额颞叶痴呆、路易体认知症等。阿尔茨海默病占所有认知症类的 50%~70%。

原发性认知症的危险因素包括以下四项。

1. 年龄

年龄是认知症最重要的危险因素。年龄每增加 10 岁，阿尔茨海默病患病率呈指数级增长。

2. 家族

聚集性阿尔茨海默病具有家族聚集性。如果家族中至少有 1 位一级亲属为阿尔茨海默病患者，那么该家族的人患阿尔茨海默病的风险是对照组的 3.5 倍。

3. 遗传

携带某些基因的人群，患阿尔茨海默病的风险是未携带该基因的人群的 15 倍。

4. 其他

认知症还可能与炎症反应、脑外伤、神经毒性损伤、氧化应激、自由基损伤、血小板活化、雌激素水平低下和免疫功能缺陷等有关。

（二）继发性认知症

继发性认知症是指有明确的病因导致的认知障碍。在进行积极治后，病人的认知功能能够得到改善。常见的继发性认知症包括血管性痴呆、感染性痴呆、脑肿瘤引起的痴呆、代谢性痴呆等。

三、认知症的典型症状

认知症的典型症状主要是认知功能损害，涉及记忆、语言、视空间、执行力、计算力、定向力等方面。除认知功能损害以外，病人还可伴有精神、行为和人格异常。

（一）认知功能损害

1. 记忆障碍

多数认知症患者在早期多表现为不能回忆最近发生的事，如刚才谈话的内容、电视节目等。在早期，患者对很久以前的记忆可以保持，如家属的生日、结婚纪念日等，但在中期，患者会忘记生活中的远期事件，此时患者常言之无物，谈话的内容空洞、平淡。

2. 失语

认知症患者的语言能力会受损，典型表现为命名障碍。例如，患者看到手表，但他不能说出手表这个词，或者用一些词语去描述手表。

3. 视空间障碍

视空间障碍是指患者因不能准确地判断自身及物品的位置而出现的功能障碍。视空间障碍主要表现为患者在停车时找不到停车位，回家时因判断错方向而迷路，铺桌布时因不能正确判断位置而无法使桌布与桌子对齐，不能准确地将锅放在炉灶上而将锅摔到地上等。

4. 执行功能障碍

执行功能是指确立目标，制订、修正、实施计划，从而进行有目的活动的能力，是一种综合运用知识、信息的能力。有执行功能障碍的病人常表现为不能招待客人，不能做出日常计划，不能进行创新性的工作。

5. 计算力障碍

病人在早期即可出现计算力障碍。有计算力障碍的老年人不能进行比较复杂的计算。患者不能正确地进行非常简单的计算，也不能正确列算式，甚至不认识数字和算术符号。

6. 定向力障碍

定向力是指一个人对时间、地点、人物以及自身状态的认识能力。在早期，患者知道是何年、何月、何日，对地点和人物的定向力相对较好，可以知道居住的城市、就诊的医院。但在后期，患者的地点和人物的定向力逐渐受到损害，患者不知道自己的住处。

（二）精神症状和行为异常

精神症状包括幻觉、妄想、淡漠、意志减退、谵妄、不安、抑郁、焦躁、多疑、多辩、睡眠障碍等。行为异常包括徘徊、多动、攻击、暴力、捡拾垃圾、藏匿东西、过食、异食等。有些患者有明显的性格改变，既往非常慷慨的人可以变得自私自利，不顾家人。

知识链接

认知症的分期：

第一阶段：潜伏期。身边人看不出什么症状；没有认知功能减退的表现。

第二阶段：轻微表现认知功能减退。记忆力出现问题，老是抱怨自己的记性不好。

第三阶段：轻度认知功能减退。不熟悉的地方容易迷路，回忆一些词汇较困难；经常会把一些贵重的物品遗失或者放错地方。

第四阶段：中度认知功能减退。想不起来自己曾经经历过的一些事情；记不太清最近发生的事情；注意力不集中；否认一些做过的事情。

第五阶段：重度认知功能减退。记不住亲人的名字、家庭住址、电话等；出门总是忘记关煤气、关门；有时候忘记回家的路。

第六阶段：严重认知功能障碍。不认识周围环境；不知道时间、年份、季节；分不清白天和黑夜；有大小便失禁的情况出现；有时候会出现一些妄想性行为；责备身边人是骗子；对着空气、镜子说话；会出现以往没有过的暴力行为。

第七阶段：极严重的认知功能减退。常常不能说话；大小便失禁；饮食及大小便需要帮助照料；丧失基本的思考能力。

第二节　认知症等级评估

一、认知症等级评估的内容

老年人认知症等级评估包括认知能力评估（MMSE）、工具性生活自理能力评估、感知觉与沟通能力评估、心理状况评估，其中以认知能力评估为核心指标。

认知症各指标的评估方法及评估场景可参考“老年人基本能力等级评估”“心理状况评估”等内容。评估师可以根据评估结果撰写认知症等级评估报告。

二、老年人认知症等级评估报告

表 10-1 为老年人认知症等级评估报告。

表 10-1　老年人认知症等级评估报告

<table>
<tr><td rowspan="2">一级指标分级</td><td>认知能力评估：□级</td><td>工具性生活自理能力：□级</td></tr>
<tr><td>感知觉与沟通能力：□级</td><td>心理状况：□级</td></tr>
<tr><td>老年人认知症等级标准</td><td colspan="2">0 级（能力完好）：认知能力、工具性生活自理能力、感知觉与沟通能力均为 0 级，心理状况为 0~1 级
1 级（轻度失能）：认知能力为 0，但工具性生活自理能力、感知觉与沟通能力中至少一项为 1 或 2，或心理状况为 2；或认知能力为 1，工具性生活自理能力、感知觉与沟通能力，心理状况中至少一项为 0~1
2 级（中度失能）：认知能力为 1，工具性生活自理能力、感知觉与沟通能力、心理状况均为 2，或有一项为 3；或认知能力为 2，工具性生活自理能力、感知觉与沟通能力、心理状况有 1-2 项为 1~2
3 级（重度失能）：认知能力为 3；或认知能力、工具性生活自理能力、感知觉与沟通能力、心理状况均为 2；或认知能力为 2，且工具性生活自理能力、感知觉与沟通能力、心理状况中至少一项为 3 级</td></tr>
<tr><td>老年人认知症等级</td><td colspan="2">□ 0 级　能力完好
□ 1 级　轻度失能
□ 2 级　中度失能
□ 3 级　重度失能</td></tr>
<tr><td colspan="3">评估师签名________、________　　日期______年____月____日
信息提供者签名________　　日期______年____月____日</td></tr>
</table>

三、养老服务建议

表 10-2 为认知症患者的照护建议。

表 10-2　认知症患者的照护建议

服务项目	0 级 能力完好	1 级 轻度失能	2 级 中度失能	3 级 重度失能
认知症照护	提供适宜环境，组织老年人参加与心理健康教育相关活动及娱乐活动； 鼓励老年人多交流、多读书、听广播、看电视	督促或指导老年人完成相应的认知、感觉、言语训练，如记忆训练、视觉训练、发音训练等； 实施心理疏导，必要时开展心理咨询	协助或帮助老年人完成相应的认知、感觉、言语训练，如记忆训练、视觉训练、发音训练等； 实施心理疏导，必要时开展心理咨询	多次提醒、教导、帮助老年人完成相应的认知、感觉、言语训练，如记忆训练、视觉训练、发音训练等； 提供情绪疏导、心理支持和危机干预服务，必要时服用相关药物

思考题

1. 简述老年人认知症等级评估的内容。
2. 老年人认知症等级评估的核心指标是什么？
3. 如何准确撰写老年人认知症等级评估报告？
4. 简述认知症的典型症状。

参考文献

[1] 贾建平. 中国痴呆与认知障碍诊治指南 [M]. 北京：人民卫生出版社，2016.

[2] 贾建平，陈生弟. 神经病学 [M]. 北京：人民卫生出版社，2016.

[3] 张兆旭，王德生. 痴呆的诊治及预防 [M]. 北京：人民卫生出版社，2016.

[4] 孙红，尚少梅. 老年长期照护规范与指导 [M]. 北京：人民卫生出版社，2018.

[5] 杨爱萍，薛奔，庹焱，等. 上海市松江区养老护理员认知症照护知识掌握情况调查 [J]. 上海护理，2020，20（5）：34-38.

[6] 孙飞，仲鑫，李霞. 认知症友好社区的建设和发展：中美社区案例的比较分析 [J]. 中国护理管理，2019，19（9）：1295-1301.

第十一章　适老化环境评估

学习目标

1. 掌握居家适老化环境评估的内容
2. 熟悉社区、养老机构适老化环境评估的要点
3. 了解适老化环境评估的目的和意义
4. 具有能够对居家、社区及养老机构适老化环境进行评估并提出优化建议的能力

老年人的健康状况与其所处的环境有着密切的关系。如果老年人没有能力调节和适应环境的变化，老年人的一系列综合征或疾病将会出现。所以评估人员不仅要具有对老年人身体、心理等状况的评估能力，而且要具备对老年人的生存环境进行评估的能力。

环境评估是为了能够去除妨碍生活行为的因素，创造发挥补偿机体缺损功能的有利因素。广义上的环境评估包括适老化环境评估和社会环境评估，社会环境评估主要包括老年人的社会评估，其基本内容是老年人的社会状况及人际关系、社会支持、家庭支撑、角色、文化等内容的评估。狭义上的环境评估为适老化环境评估。适老化环境的评估是针对老年人的生活环境，居住条件和社区、机构等特殊资源的评估，即居家、社区和养老机构的评估。环境评估的重点是居家适老化环境评估。

第一节　居家适老化环境评估

一、概述

我国老年人因受到传统观念和国情的影响，基本以居家养老模式为主。居家养老以住宅为老年人的重要活动载体。对于老年人来说，居室环境是每日活动的主要场所。因受到环境需求差异的影响以及身体条件的限制，我国大多数现有住宅不能满足居家养老需要，

不能提升老年人的生活质量。

2020年，民政部、国家发展改革委、财政部、国家卫生健康委、住房和城乡建设部、全国老龄办等9部联合印发《关于加快实施老年人居家适老化改造工程的指导意见》（以下简称《指导意见》），旨在贯彻落实党中央、国务院的部署要求，以需求为导向，推动各地改善老年人居家生活照护条件，增强居家生活设施安全性、便利性和舒适性，提升居家养老服务质量。《指导意见》给出的改造项目包括地面、卧室、厕所、厨房等多个类别。因此，做好改造的前提是对居家环境进行准确的评估。

居家适老化环境评估包括居家环境专业评估和生活环境评估。

二、居家环境专业评估

居家环境专业评估是指评估居家环境中是否有妨碍与不安全的因素，如地面是否平整、有无台阶等，有无管线或杂物放置，厨房设备是否安全，煤气炉旁有无易燃物品，浴室是否有防滑措施等。

表11-1为居家环境专业评估表。

表11-1　居家环境专业评估表

居家环境评估（请在对应的分数栏内打钩。分值越高，整体安全性及舒适性越好）				
（一）居家环境整体评估	分数			备注
	1	2	3	1. 不好　2. 普通　3. 良好
1. 光照充足，方便老年人看清屋内物品及家具、通道等				1. 白天需要开灯才够明亮 2. 白天需要开灯才够明亮，但通常不开灯 3. 白天不需要开灯
2. 屋内的电灯开关都有明显的特殊设计（有开关外环显示灯或萤黄色贴条）				1. 无明显特殊设计 2. 有明显特殊设计
3. 光线强度不会让老年人感到眩晕或看不清物品位置				1. 光线较弱，看不清物品 2. 光线较强，使人感到眩晕 3. 光线强度适中，使人眼睛舒适且能看清物品
4. 若有小地毯，小地毯内有牢固的防滑地垫				1. 无牢固的防滑地垫 2. 有牢固的防滑地垫
5. 地板铺设不反光且防滑的材质				1. 铺设反光且不防滑的材质 2. 铺设不反光或防滑的材质 3. 铺设不反光且防滑的材质
6. 走道装设有扶手或安全绳可协助老年人行动				1. 未设有扶手或安全绳 2. 设有扶手或安全绳

表11-1(续)

（一）居家环境整体评估	分数			备注
	1	2	3	1. 不好 2. 普通 3. 良好
7. 家具（椅子、茶几等）足够坚固				1. 不够坚固且不能提供支持 2. 足够坚固且能提供支持
8. 家具（椅子、茶几等）边缘或转角处光滑，无直角突出（圆弧形），不易绊倒人				1. 尖锐直角，易绊倒人 2. 圆弧形，不易绊倒人
9. 家中老年人是否在床附近放有移动马桶或者便携式接尿器、插入式便器				1. 没有 2. 放有但须有家属辅助老年人完成排泄 3. 放有且老年人自己使用
10. 老年人常使用的椅子高度（质地较硬）可使其容易起身及坐下，并配有扶手以协助移动				1. 椅子高度不适宜老年人起身坐下且无扶手 2. 椅子高度适宜老年人起身坐下并配有扶手
11. 老年人是否使用助起沙发来辅助老年人起身站立				1. 未曾配有 2. 配有助起沙发但须有家属辅助完成站立 3. 配有助起沙发且老年人能自主操作
12. 老年人所需使用的设备（如轮椅、拐杖、半拐杖、辅助车等）都放在固定位置				1. 设备缺少或损坏 2. 设备未放在固定位置 3. 设备放在固定位置
13. 运用对比的素色（非花色、波浪或斜纹）区分门内、楼梯及高度的变化（黄色和白色不易分辨，应避免）				1. 未做对比区分 2. 有做对比区分
14. 无高度与地面落差太大的门槛				1. 落差超过 10cm 2. 落差在 10cm 以内 3. 无落差
15. 延长线与电线是否固定				1. 无固定且易绊倒人 2. 固定且不易绊倒人
16. 门距够宽，可让老年人容易进出				1. 宽度在 90cm 以下 2. 宽度在 90~100cm 3. 宽度在 100cm 以上
17. 门把采用 T 形把手				1. 不采用 T 形把手 2. 采用 T 形把手

表11-1(续)

（一）居家环境整体评估	分数			备注
	1	2	3	1. 不好　2. 普通　3. 良好
18. 走道宽度维持在120cm以上，并维持畅通（方便轮椅在走道上有回转空间）				1. 宽度在120cm以下 2. 宽度等于120cm 3. 宽度在120cm以上
19. 地面防滑				1. 防滑效果较差 2. 防滑效果良好 3. 防滑效果显著
整体安全性及舒适性评估共19个测量项，总分为48分。单项评估未达最高分，则需要进行对应的适老化改造				
（二）浴室	分数			备注
浴室与厕所分开； 到浴室的通道能无障碍行动	1	2	3	1. 不好　2. 普通　3. 良好
1. 门槛与地面落差不大，不会让人绊倒				1. 门槛超过20cm 2. 门槛在15~20cm 3. 门槛在10~15cm
2. 地板干燥				1. 经常潮湿 2. 偶尔潮湿 3. 地板干燥
3. 浴室地板铺设防滑排水垫				1. 未铺设防滑排水垫 2. 有铺设防滑排水垫
4. 浴室是否使用洗澡椅				1. 不使用 2. 使用且需要家属照护 3. 使用且不需要家属照护
5. 浴缸或淋浴间有防滑条或防滑垫				1. 无防滑条或防滑垫 2. 有防滑条或防滑垫
6. 浴缸高度低于膝盖				1. 高度>膝盖 2. 高度=膝盖 3. 高度<膝盖
7. 浴缸旁有防滑椅				1. 无防滑椅 2. 有其他东西可以坐着休息 3. 有防滑椅
8. 浴缸旁设有固定扶手，且扶手高度为80~85cm，与墙壁间隔5~6cm				1. 未设有扶手 2. 设有扶手，但高度不适当 3. 扶手高度在80~85cm，与墙壁间隔5~6cm

表11-1(续)

（二）浴室	分数			备注
浴室与厕所分开； 到浴室的通道能无障碍行动	1	2	3	1. 不好　2. 普通　3. 良好
9. 马桶旁设有固定扶手，且扶手高度为 42~45cm				1. 未设有扶手且高度不合适 2. 设有扶手或高度不合适 3. 扶手高度约为 40cm
10. 洗手台旁设有固定扶手				1. 未设有扶手 2. 设有扶手
11. 使用坐式马桶且高度合适，可方便老年人起身及坐下				1. 非坐式马桶 2. 坐式马桶但高度不合适 3. 高度约为 40cm
12. 热水器应设置于室外通风的地方				1. 设置在室内 2. 设置在室外但不通风的地方 3. 设置在室外且通风的地方
13. 加装夜间照明装置，例如感应式或触控式小灯				未装有夜间小灯 装有夜间小灯
14. 蹲坑加装坐便器				未装有坐便椅 装有坐便椅
浴室安全性及舒适性共 14 个测量项，总分为 37 分。单项评估未达最高分，则需要进行对应的适老化改造				

（三）卧室	分数			备注
	1	2	3	1. 不好　2. 普通　3. 良好
1. 加装夜灯照明装置				1. 没有留夜灯 2. 留有夜灯但照明效果不好 3. 照明效果较好
2. 从床到浴室的通道能无障碍行动（尤其是晚上）				1. 通道有障碍且影响行走 2. 通道有障碍不影响行走 3. 通道无障碍
3. 床的高度合适				1. 膝盖高度低于 45cm 或高于 50cm 2. 膝盖高度 45~50cm
4. 床垫边缘能防止下跌，床垫的质地较硬（以提供良好的坐式支持）				1. 两者均未符合 2. 地板不滑或平整无突出 3. 地板不滑且平整无突出

表11-1(续)

(三) 卧室	分数			备注
	1	2	3	1. 不好　2. 普通　3. 良好
5. 地板不滑且平整无突出，不会被绊倒				1. 两者均未符合 2. 地板不滑或平整无突出 3. 地板不滑且平整无突出
6. 老年人能从橱架上拿取物品时，不需踮脚尖或椅子				1. 需要椅子 2. 需要踮脚尖 3. 不需踮脚尖或椅子
7. 家具及墙壁有特殊防护设计（如铺设软布、转角处有装上保护装置）				1. 无特殊防护设计 2. 有特殊防护设计
8. 床边放置有手电筒与电话				1. 尚未放置 2. 放置手电筒或电话 3. 放置手电筒与电话
卧室安全性及舒适性评估共8个测量项，总分为22分。单项评估未达最高分，则需要进行对应的适老化改造				
(四) 厨房	分数			备注
	1	2	3	1. 不好　2. 普通　3. 良好
1. 老年人能够拿到储藏室的东西，不需踮脚尖或椅子				1. 需要椅子 2. 需要踮脚尖 3. 不需踮脚尖或椅子
2. 地板干燥不油腻				1. 潮湿且油腻 2. 潮湿或油腻 3. 干燥不油腻
3. 有布制的防滑垫在地上，以吸收溅出的水分及油类				1. 无布制的防滑垫 2. 其他材质防滑垫 3. 布制的防滑垫
4. 厨房设计符合人体工学，操作台的高度不超过79cm				1. 高度超过79cm 2. 高度不超过79cm
5. 如果要拿放在较高处的东西，踏脚凳的高度适当				1. 高度超过25cm 2. 高度为20cm~25cm 3. 高度为15cm~20cm
6. 踏脚凳的踏板无损坏且能防滑				1. 踏板已损坏 2. 踏板不能防滑 3. 踏板没有损坏且能防滑

表11-1(续)

<table>
<tr><td rowspan="2">（四）厨房</td><td colspan="3">分数</td><td>备注</td></tr>
<tr><td>1</td><td>2</td><td>3</td><td>1. 不好 2. 普通 3. 良好</td></tr>
<tr><td>7. 踏脚凳的脚架坚固且无磨损</td><td></td><td></td><td></td><td>1. 踏板已损坏
2. 踏板无坚固
3. 踏板够坚固且无磨损</td></tr>
<tr><td>8. 照明充足，尤其是在夜间留有一盏小灯</td><td></td><td></td><td></td><td>1. 照明不足且未留小灯
2. 照明不足或未留小灯
3. 照明充足且留有小灯</td></tr>
<tr><td colspan="5">厨房安全性及舒适性评估共 8 个测量项，总分为 23 分；单项评估未达最高分，则需要进行对应的适老化改造</td></tr>
<tr><td rowspan="4">居家环境安全评估情况</td><td colspan="2">整体</td><td colspan="2">________分</td></tr>
<tr><td colspan="2">浴室</td><td colspan="2">________分</td></tr>
<tr><td colspan="2">卧室</td><td colspan="2">________分</td></tr>
<tr><td colspan="2">厨房</td><td colspan="2">________分</td></tr>
<tr><td>被评估者对居家环境安全有何需求?</td><td colspan="4">整体：□过道扶手 □防滑地垫 □安全护角 □家居挪移
□线路整理 □安全门把手
浴室：□坐便器 □组合扶手 □防滑垫 □沐浴辅具
□夜间照明灯
卧室：□床旁辅助 □防撞垫 □夜间照明灯
厨房：□防滑垫 □防撞垫 □夜间照明灯
其他：</td></tr>
<tr><td colspan="5">居家环境专业评估建议：________________________________
____
____</td></tr>
</table>

三、居家环境专业评估的操作说明

（一）评估注意事项

（1）居家环境专业评估涉及被评估者的居家隐私，评估师在评估前需要征得被评估者的同意。

（2）评估师需具备较高的专业素养，并保护被评估者的居家隐私。

（3）最好有两名评估师同时参与居家环境专业评估。

（二）评估指标说明

（1）居家环境专业评估包括整体、浴室、卧室、厨房等几个项目。

（2）每一个子项目未达到最高分，都需按《指导意见》进行居家适老化环境的改造。

四、居家适老化环境改造的具体内容

表 11-2 为《指导意见》包括的居家适老化环境改造的内容。

表 11-2 《指导意见》包括的居家适老化环境改造的内容

序号	类别	项目名称	具体内容
1	（一）地面改造	防滑处理	在卫生间、厨房、卧室等区域，铺设防滑砖或者防滑地胶，避免老年人滑倒，提高安全性
2		高差处理	铺设水泥坡道或者加设橡胶等材质的可移动式坡道，保证路面平滑、无高差障碍，方便轮椅进出
3		平整硬化	对地面进行平整硬化，方便轮椅通过，降低风险
4		安装扶手	在高差变化处安装扶手，辅助老年人通过
5	（二）门改造	门槛移除	移除门槛，保证老年人进门无障碍，方便轮椅进出
6		平开门改为推拉门	方便开启，增加通行宽度和辅助操作空间
7		房门拓宽	对卫生间、厨房等空间较窄的门洞进行拓宽，改善通过性，方便轮椅进出
8		下压式门把手改造	可用单手手掌或者手指轻松操作，增加摩擦力和稳定性，方便老年人开门
9		安装闪光振动门铃	供有听力和视力障碍的老年人使用
10	（三）卧室改造	配置护理床	帮助失能老年人完成起身、侧翻、上下床、吃饭等动作，辅助喂食、处理排泄物等
11		安装床边护栏（抓杆）	辅助老年人起身、上下床，防止翻身滚下床，保证老年人睡眠和活动安全
12		配置防压疮垫	避免长期乘坐轮椅或卧床的老年人发生严重压疮，包括防压疮坐垫、靠垫或床垫等
13	（四）如厕洗浴设备改造	安装扶手	在如厕区或者洗浴区安装扶手，辅助老年人起身、站立、转身和坐下，包括一字形扶手、U 形扶手、L 形扶手、135°扶手、T 形扶手或者助力扶手等
14		蹲便器改坐便器	减轻蹲姿造成的腿部压力，避免老年人如厕时摔倒，方便乘轮椅老年人使用
15		水龙头改造	采用拔杆式或感应水龙头，方便老年人开关水阀
16		浴缸/淋浴房改造	拆除浴缸/淋浴房，更换浴帘、浴杆，增加淋浴空间，方便照护人员辅助老年人洗浴
17		配置淋浴椅	辅助老年人洗澡用，避免老年人滑倒，提高安全性

表11-2(续)

序号	类别	项目名称	具体内容
18	（五）厨房设备改造	台面改造	降低操作台、灶台、洗菜池高度或者在其下方留出容膝空间，方便乘轮椅或者体型矮小老年人操作
19		加设中部柜	在吊柜下方设置开敞式中部柜、中部架，方便老年人取放物品
20	（六）物理环境改造	安装自动感应灯具	安装感应便携灯，避免直射光源、强刺激性光源，人走灯灭，辅助老年人起夜使用
21		电源插座及开关改造	视情进行高/低位改造，避免老年人下蹲或弯腰，方便老年人插拔电源和使用开关
22		安装防撞护角/防撞条、提示标识	在家具尖角或墙角安装防撞护角或者防撞条，避免老年人磕碰划伤，必要时粘贴防滑条、警示条等符合相关标准和老年人认知特点的提示标识
23		适老家具配置	比如换鞋凳、适老椅、电动升降晾衣架等
24	（七）老年用品配置	手杖	辅助老年人平稳站立和行走，包含三脚或四脚手杖、凳拐等
25		轮椅/助行器	辅助家人、照护人员推行/帮助老年人站立行走，扩大老年人活动空间
26		放大装置	运用光学/电子原理进行影像放大，方便老年人使用
27		助听器	帮助老年人听清声音来源，增加与周围的交流，包括盒式助听器、耳内助听器、耳背助听器、骨导助听器等
28		自助进食器具	辅助老年人进食，包括防洒碗（盘）、助食筷、弯柄勺（叉）、饮水杯（壶）等
29		防走失装置	用于监测失智老年人或其他精神障碍老年人定位，避免老年人走失，包括防走失手环、防走失胸卡等
30		安全监控装置	佩戴于人体或安装在居家环境中，用于监测老年人动作或者居室环境，发生险情时及时报警，包括红外探测器、紧急呼叫器、烟雾/煤气泄露/溢水报警器等

五、生活环境评估

人离开环境就不能生存，环境与身体健康密切相关。身体健康是通过内、外部环境的相互适应与平衡来保持的。与环境有关的危害人体健康的因素有温度、噪声、震动等。对于老年人来说，居室是最主要的栖息地，也是其自由支配和享受闲暇时间的场所。对于老年人来说居室环境尤为重要，因为老年人每日的主要活动场所就是自己的居室。居室的环境好，能使老年人舒服、愉快地度过晚年。对老年人居室的环境进行评估为居室改造提供参考信息，使居室能更适合老年人居住。表11-3为生活环境评估问卷。

表11-3　生活环境评估问卷

1. 居住房间是否朝南，是否冬暖夏凉？
2. 居住环境是否舒适？
3. 居室的空气质量如何？
4. 居室隔离噪音的能力如何？
5. 房间内的色彩是否恬静、淡雅、柔和？
6. 是否有类似水仙、文竹之类的花卉点缀房间，使房间布局合理、色彩协调、氛围活泼？
7. 您觉得家里存在哪些安全隐患？
8. 针对这些隐患，您有没有采取相应的防范措施？
9. 面对危险，您是否能及时发现并且躲避危险？
10. 如果您没有及时避免这些危险，您是否有求助措施？

六、生活环境评估问卷指标解析

（一）室内生活环境评估

1. 老年人居室方位的评估

朝南的房间为最佳，冬暖夏凉，如同“天然空调”；而朝北的房间“冬冷夏热”。老年人的身体循环和体温调节机制较差，如果住在朝北的房间，会对其健康造成不良影响。

2. 老年人居室条件评估

老年人既怕孤寂，又怕麻烦。老年人体能储备差，在休息时对周围的一切谈话、嬉笑都很讨厌。而老年人在精神恢复后，又希望和家人说东道西，喜欢儿孙绕膝。有些老年人还有自己的兴趣，如读书、写字、会客等。我们应该尽力制造一个“老年人生活角”，并做适当布置，尽可能使老年人感到舒适。

3. 老年人居室防寒、防暑功能评估

老年人特别是高龄老年人的血液循环差，新陈代谢过程慢，既不耐热又不抗寒，因此居室的温度不能太低，也不能太高。一般说21℃是人体最适宜的温度。

4. 老年人居室空气质量评估

居室要经常通风，保持室内空气流通。空气不流通会使老年人终日感到胸闷、压抑。

5. 老年人居室噪声评估

噪声能损伤听觉，使听力下降；刺激神经系统，引起头晕、头痛，烦躁不安；影响心血管系统，使心跳加速，血压升高。因此收录音机、电视机的音量要适度等。

6. 老年人居室色彩评估

房间内的色彩对人的情绪会有一定的影响，置身于色彩鲜明的墙壁、地面和明快色彩的家具环境中，人的心情会更好。反之，在色调沉闷的居室环境中，人的心情会较差。对于老年人来说，我们应努力营造一个恬静、淡泊、柔和的环境。

7. 老年人居室装饰评估

小装饰品可点缀环境、平衡房间布局、协调色彩，可增强生活气息，使人赏心悦目。为此，我们可在室内可陈设一两盆花卉，如文竹、水仙或盆景等。

（二）室外生活环境评估

1. 气候条件是否恶劣

老年人的生理功能下降，对抗外界恶劣环境的能力明显下降，因此我们应尽量避免将老年人处于雨、雪、冰雹等恶劣的气候环境中。

2. 建筑物是否密乱

建筑物又密又乱的环境会造成老年人心理上的不安与烦躁，使老年人缺乏安全感。我们应尽可能让老年人居住在布局合理、视野开阔、规律有序的社区里。

3. 是否有刺激惊险

各种紧张的体育比赛、惊险的杂技表演以及游乐场里的过山车等娱乐项目，在使人们兴奋、紧张的同时，也会刺激人体交感神经，使心跳加快、血管收缩、血压升高。所以，老年人不适合去这些场所。

4. 是否嘈杂

在固定空间里，随着单位面积内人口密度的不断增加，人们的谈话声、吵闹声汇合在一起会构成很大的噪声。老年人若久处在这样的环境里，容易产生烦躁情绪，诱发各种心脑血管疾病。

七、生活环境评估的操作说明

居家适老化环境的评估包括居家环境专业评估和生活环境评估，但是目前以居家环境专业评估为主，生活环境评估为辅。我们可在环境专业评估的基础上，开展生活环境评估并做相关改造。

第二节　社区适老化环境评估

一、概述

在我国社会老龄化日益严重的背景下，国家提出 90%的老年人居家养老，7%的老年人社区养老，3%的老年人机构养老的“9073”养老模式，这意味着 90%的老年人的日常活动都将集中在社区环境中。所以，社区适老化环境评估及改造可为老年人创造一个安全舒适的养老环境。

社区室外活动空间的主要功能是满足人的休闲娱乐需要，其环境条件是影响社区内的老年人参与室外活动的直接因素。舒适、整洁、宁静、优美的环境可以使得老年人心情舒畅、精神愉悦，可以吸引更多的老年人加入室外活动的行列中。同时，好的室外空间环境设计可以增强老年人独立生活的能力，为老年人提供一个良好的环境。

目前，符合我国国情的社区养老模式有两种：一种是新建居住区为今后方便社区老年人生活预留一些空间；另外一种是对既有社区进行适老化的改造。因此，社区适老化环境评估是适老化改造的重要前提。

二、社区环境评估

目前，在现有社区养老中，存在老年人强烈的安全需求与不少安全隐患之间的矛盾以及老年人热爱户外活动与社区内活动场所缺失、简陋之间的矛盾，这主要体现在以下几点：

（1）人车不分流。人车不分流将会严重影响社区安全。

（2）户外步行系统存在障碍或是轮椅无法畅通通行（或者没有坡道）。

（3）标识性差。单调而重复的住宅建筑形体往往给老年人判断方位带来困扰。

（4）机动车占用社区道路和一些公共空间。

表 11-4 为社区环境评估表。

表 11-4　社区环境评估表

社区环境	评估		
路面是否平坦，无地面坑洼、卫生不好	□是	□偶尔有	□没有
是否设有轮椅专道	□是	□偶尔有	□没有
是否有上坡或者下坡之类的道路	□是	□偶尔有	□没有
是否实现人车分流	□是	□一般	□否
消防、救护车通道是否被占道	□是	□偶尔有	□没有
社区绿化程度	□好	□一般	□差
是否堆积社区垃圾、易燃物	□是	□一般	□否
夜间照明是否不足	□是	□一般	□否
是否积雪，雨水清除是否及时	□是	□偶尔有	□没有
是否有明确的标识和引导	□是	□偶尔有	□没有
社区空气质量	□高	□一般	□低
居民区的规划设计是否方便老、弱、病、残的通行和使用	□是	□一般	□否
在出入口、电梯口、厕所等处是否有无障碍设施可供使用	□是	□一般	□否

三、社区环境评估注意事项

社区环境评估仅作为环境评估的一部分。社区适老化环境的改造需要社区、政府等共同完成。根据评估结果，我们可以按照《城市居住区规划设计标准》《城市居住规划设计规划》进行社区适老化环境的改造。

第三节　养老机构适老化环境评估

一、概述

近年来，养老产业得到了迅猛的发展。养老机构适老化环境的优良影响着老年人的居住体验感。

《养老机构入院评估操作手册》从人的角度对老年人进行身体、心理、社会等多个角度的评估。这对于养老机构来说，能够全方位的了解老年人，为其提供多方位的服务。

2020 年发布的《〈养老机构等级划分与评定〉国家标准实施指南》（试行），从环境、公共信息图形标志、室内温度、通风调节、室内光照、人工照明、室内噪声、绿化、设施设备等多个方面对养老机构进行评估。

二、养老机构适老化环境评估

表 11-5 为养老机构适老化环境评估表。

表 11-5　养老机构适老化环境评估表

项目	适老化环境内容	评估（填是/否）
进出口位置适老化评估	是否有醒目的标识系统	
	设置坡道、扶手等无障碍设施	
	预留 110cm 轮椅上、下空间	
	台阶高度不宜大于 12cm，踏面宽不应小于 38cm	
	完善的照明系统（注意隐藏光源、不能直射入眼）	
	楼梯、台阶的照明光源应采用多灯形式，以防止踏步表面出现阴影或自身的投影，最理想情况是设置地灯	
	楼梯扶手起式端与终端要设立突出部分	
	楼梯踏步应使用防滑材料，台阶面边沿设置防滑条，要和台阶面保持在同一平面	
	门口应放置垃圾箱,便于老年人将生活垃圾及时送出门外妥善放置	

表11-5(续)

项目	适老化环境内容	评估（填是/否）
扶手适老化评估	公共通道沿途应设置扶手杆，单体建筑之间应设置风雨连廊；所有地面若有不同高度，需加设斜道	
	坐便器旁设置上翻式扶手，为老年人起身时提供助力	
	沐浴间应设置助力的拉手和扶手	
	扶手的水平部分距地面 65~70cm；竖直部分距坐便器前沿约 25cm，上端不低于 140cm	
	扶手末端的水平方向至少要延伸 20cm 以上	
	在厕所里，安装的扶手需要能手持站立，坐姿起立支撑等	
	卧室、卫生间等处安装的竖向扶手高端应在 140cm 以上，低端应在 70cm 左右	
	在常脱衣处，需安装扶手支持脱衣	
	水平扶手应尽量采取 L 型形状	
	扶手内侧距墙面距离应大于 4cm	
	扶手材质应为树脂或木材质	
	扶手宜采用圆型	
	扶手端部向下方或墙壁方向弯曲	
	不应和其他房间产生亮度差	
	扶手应尽量设计为圆柱形状，方便抓握	
老年人房玄关适老化评估	玄关处设置入户感应灯，开门后玄关灯自动亮起，免除老年人在黑暗中寻找开关的困扰	
	室内开关应有荧光灯便于老年人夜间使用；开关面板都应明显的标识，方便老年人识别和使用	
	入户门口设置带扶手的换鞋凳，方便老年人换鞋和换鞋后起身	
门窗适老化评估	老年人房间的入户门宜采取外拉式设计；门洞宽度不宜小于 110cm；门开启侧应预留 30cm 空间	
	房间门宜采取推拉门设计，门洞不宜小于 90cm，不宜使用玻璃门	
	房门应使用杆式门把手；门的把手应选用旋臂较长的拉柄，拉柄高度在 90~100cm，避免采用圆形拉柄	
	老年人房间的窗宜向内开；窗扇不宜过大；把手不宜过高	
	矮窗台里侧应当设置高 90~100cm 的安全栏杆	

表11-5(续)

项目	适老化环境内容	评估（填是/否）
卫生间适老化评估	房间的卫生间应严格进行干湿分区；干湿分区之间可使用橡胶等软质材料隔断	
	在有条件的地方，卫生间应采用双门设计	
	老年卫生间淋浴隔断应采取软质隔断，淋浴上方应设淋浴安全带；淋浴间应设淋浴凳或洗澡椅	
	卫生间的洗脸盆池应采取倾斜 15 度的设计安装，高度应为 65cm，洗脸盆池的下方应该镂空以方便轮椅进入	
	卫生间马桶应一面靠墙，最好设置 L 型扶手；扶手的高度应为 65cm，竖直部分距马桶的距离应在 25cm；马桶前应设加装了拉绳的紧急呼叫器	
	卫生间地漏应采取直排式地漏	
	应选用防水防滑地面铺设材料	
	浴室地面到浴缸边的高度避免过高过大，高度应为 45cm 左右，长度应小于 125cm	
	浴室应保证在看护时必要的空间	
	其位置安排应注意避免在使用扶手或拿取手纸时造成碰伤；为了让老年人在倒地后仍能使用紧急呼叫器，可加设拉绳，下垂至地面 10cm 处	
	手纸盒通常宜设置在坐便器的前侧方，保证老年人伸手可及，避免其动作幅度过大	
卧室适老化评估	老年人房间的面宽应大于 380cm；进深也宜加大为 450cm 以上	
	卧室门口不宜采用狭窄拐角	
	床头伸手可及的地方应设紧急呼叫器，此紧急呼叫器不宜采取拉式设计	
	老年人畏冷喜阳，卧室宜朝南，使光线能尽量照射到床上	
	空调不宜直接吹向床铺及座位	
	老年人宜分床或分房休息，避免因作息时间不同或起夜、翻身、打鼾等问题相互干扰	
	老年人床旁应设有较高的台面供老年人撑扶（如书桌、床头柜等），较大的台面可供放置水杯、眼镜、药品、台灯等物品；宜设置明格或抽屉，供存放、拿取物品，并便于老年人看清、翻找内部物品	
	老年人卧室进门处不宜设置狭窄的拐角，以免急救时担架出入不便	

表11-5(续)

项目	适老化环境内容	评估（填是/否）
色彩适老化评估	老年人房间的色彩不宜过多，宜使用温馨的色彩为主色调，套内顶部宜采用白色调；墙壁宜以乳白、淡绿、淡橙等浅色调的色彩为主基色；地板颜色应以厚重过墙壁色彩的纯色块为主，不宜采取多色组合	
家具适老化评估	老年人房间的家具应轻便，易于移动，不宜使用过多玻璃及钢材质	
	家具不宜有尖锐的五金件	
	老年座椅不宜为低矮座椅，座椅需有一定的硬度	
	老年家具应多使用有扶手的较低矮的家具，尽量避免有锐角出现	
	家具风格宜选用较为温馨和轻快的款式，颜色清爽些	
	家具边角均做倒角处理	
	从后期打理的角度考虑，家具宜采用防水材料	
	各类家具都需做适老年人的尺寸	
	所有边角均做倒圆角处理	
	老年人床的床头、床尾均设置拉手，方便老年人使用，兼顾起身、翻身、曲腿等护理功能	
	选择有靠背扶手的椅子	
	沙发座位不能过低，且不宜过于柔软	
	沙发及座椅底下需架空，以方便老年人起身时脚踝能往里退	
采暖适老化评估	老年人房间的采暖应使用地暖设备；为了防止老年人在室内休克，也要安装适当的冷暖气调节设备作为隔热和换气之用	
	卫生间设置取暖设施，提高冬季使用舒适度	
其他方面评估	所有平开柜门应安装明装拉手，方便老年人开启	
	双人床床头均需设置插座	
	使用浸水后也能防滑的地面材料，不宜使用地毯等地面材料	
	卫生间镜柜、玄关柜等处进行灯光加强处理	
	老年人房无高差设计，方便轮椅通行	

三、养老机构适老化环境评估的意义

养老机构适老化设计体系完善，室内、室外环境才能为老年人提供一个温馨的居住氛围。养老机构适老化环境评估表中的内容只作为养老机构适老化环境评估的参考。

思考题

1. 简述适老化环境改造的意义？
2. 居家适老化环境改造的要点是什么？
3. 居家适老化环境专业评估的操作要点是什么？
4. 简述社区适老化环境评估的注意事项。
5. 简述养老机构适老化环境评估的要点。

参考文献

［1］宋岳涛. 老年综合评估［M］. 北京：中国协和医科大学出版社，2012.

［2］周燕珉，刘佳燕. 居住区户外环境的适老化设计［J］. 建筑学报，2013（3）：60-64.

［3］周燕珉，王富青. “居家养老为主”模式下的老年住宅设计［J］. 现代城市研究，2011，26（10）：68-74.

［4］刘东卫，贾丽，王姗姗. 居家养老模式下住宅适老化通用设计研究［J］. 建筑学报，2015（6）：1-8.

［5］吴岩. 重庆城市社区适老公共空间环境研究［D］. 重庆：重庆大学，2015.

［6］肖聚贤. 老年人居住建筑适老化设计研究［D］. 昆明：昆明理工大学，2013.

［7］聂建明. 公共政策视角下的中国养老地产研究［D］. 北京：中国社会科学院研究生院，2014.

［8］张旭. 基于老年人行为模式的居住环境建构研究［D］. 天津：天津大学，2016.

［9］戴靓华. 医养理念导向下的城市社区适老化设施营建体系与策略［D］. 杭州：浙江大学，2015.

［10］裘知，楼瑛浩，王竹. 国内老旧住区适老化改造文献调查与综述［J］. 建筑与文化，2014（2）：86-88.

［11］周燕珉，秦岭. 老龄化背景下城市新旧住宅的适老化转型［J］. 时代建筑，2016（6）：22-28.

第十二章　老年人照护需求等级评定及评估报告

学习目标

1. 掌握老年人照护需求等级评定的内容和方法
2. 掌握老年人照护需求等级评估报告的撰写
3. 熟悉老年人照护需求等级评定的注意事项
4. 了解老年人照护需求等级评估的目的和意义

案例导学与分析

徐某，女，65岁，家庭主妇，与老伴同住，不吸烟、不喝酒。经评估，评估师得到以下结果：徐某的基本能力等级为2级；疾病状况等级为2级；风险等级为0级；心理状况等级为0级。

请根据以上评估结果，评估徐某的照护需求等级，并撰写照护需求等级评估报告。

一、老年人照护需求等级判定

老年人照护需求等级应结合老年人基本能力等级评估、疾病状况评估、风险评估、心理状况评估的结果进行判定。表12-1为老年人照护需求等级标准。

表 12-1　老年人照护需求等级标准

<table>
<tr><td rowspan="2">一级指标分级</td><td>老年人基本能力等级评估：□级</td><td>疾病状况评估：□级</td></tr>
<tr><td>风险评估：□级</td><td>心理状况评估：□级</td></tr>
<tr><td>老年人照护需求等级标准</td><td colspan="2">0 级（自理）
基本能力、疾病状况、风险评估为 0，心理状况为 0~1
1 级（1 级介助）
基本能力为 0，疾病状况、风险评估、心理状况至少一项为 1 或心理状况为 2
基本能力为 1，疾病状况、风险评估为至少一项为 0~1，心理状况为 0~2
2 级（2 级介助）
基本能力为 0，疾病状况、风险评估、心理状况至少一项为 2 或心理状况为 3
基本能力为 1，疾病状况、风险评估、心理状况有 1~2 项为 2
基本能力为 2，疾病状况、风险评估为 0~1，心理状况为 0~2
3 级（1 级介护）
基本能力为 1，疾病状况、风险评估、心理状况均为 2；或疾病状况、风险评估、心理状况有一项为 3
基本能力为 2，疾病状况、风险评估、心理状况有 1~2 项为 2
基本能力为 3，疾病状况、风险评估，心理状况至少一项为 0~1
4 级（2 级介护）
基本能力为 2，疾病状况、风险评估、心理状况均为 2，或疾病状况、风险评估、心理状况有 1 项为 3
基本能力为 3，疾病状况、风险评估、心理状况有 1~2 项为 2
5 级（全护）
基本能力为 2，疾病状况、风险评估、心理状况至少有 2 项为 3
基本能力为 3，疾病状况、风险评估、心理状况均为 2
或疾病状况、风险评估、心理状况至少 1 项为 3</td></tr>
<tr><td>老年人照护需求等级</td><td colspan="2">□0 级　□1 级　□2 级　□3 级　□4 级　□5 级</td></tr>
<tr><td colspan="3">评估师签名________、________　　日期______年____月____日
信息提供者签名________　　日期______年____月____日</td></tr>
</table>

二、老年人照护需求等级评估报告

老年人照护需求等级评估报告包括了老年人照护需求评估的所有结果。

表 12-2 为老年人照护需求等级评估报告。

表 12-2　老年人照护需求等级评估报告

<table>
<tr><td>姓 名</td><td></td><td>性 别</td><td></td><td>出生日期</td><td></td></tr>
<tr><td>区/街镇</td><td colspan="2"></td><td>身份证号</td><td colspan="2"></td></tr>
<tr><td>评估类别</td><td></td><td>评估时间</td><td></td><td>上次评估时间</td><td></td></tr>
<tr><td rowspan="3">老年人基本能力评估</td><td>自理和活动能力</td><td colspan="4">□0 级：能力完好
□1 级：轻度失能
□2 级：中度失能
□3 级：重度失能</td></tr>
<tr><td>认知能力</td><td colspan="4">□0 级：能力完好
□1 级：轻度受损
□2 级：中度受损
□3 级：重度受损</td></tr>
<tr><td>感知觉与沟通能力</td><td colspan="4">□0 级：能力完好
□1 级：轻度受损
□2 级：中度受损
□3 级：重度受损</td></tr>
<tr><td>老年人基本能力等级</td><td colspan="5">□0 级：能力完好
□1 级：轻度失能
□2 级：中度失能
□3 级：重度失能</td></tr>
<tr><td>疾病状况等级</td><td colspan="5">□0 级：无第一、第二类疾病
□1 级：患有 1~2 种第一类疾病
□2 级：患有 3 种以上第一类疾病
□3 级：患有第二类疾病</td></tr>
<tr><td rowspan="2">心理状况评估</td><td>抑郁状况</td><td colspan="4">□0 级：0~10 分，无明显抑郁症状
□1 级：11~20 分，轻度抑郁症状
□2 级：21~25 分，中度抑郁症状
□3 级：26~30 分，重度抑郁症状</td></tr>
<tr><td>焦虑状况</td><td colspan="4">□0 级：0~6 分，无焦虑
□1 级：7~21 分，轻度焦虑
□2 级：22~29 分，中度焦虑
□3 级：≥30 分，重度焦虑</td></tr>
<tr><td>老年人心理状况等级</td><td colspan="5">□0 级：心理状况较好
□1 级：心理状况一般
□2 级：心理状况较差
□3 级：心理状况极差</td></tr>
</table>

表12-2(续)

老年人认知症等级	□0 级：能力完好 □1 级：轻度失能 □2 级：中度失能 □3 级：重度失能	
风险评估	跌倒风险评估	□0 级：≤10 分，无跌倒风险 □1 级：11~25 分，轻度跌倒风险 □2 级：26~44 分，中度跌倒风险 □3 级：≥45 分，重度跌倒风险
	压疮风险	□0 级：>18 分，无风险 □1 级：15~18 分，低风险 □2 级：13~14 分，中风险 □3 级：≤12 分，高风险
	噎食风险	□0 级：0~1 分，无风险 □1 级：2~8 分，低风险 □2 级：9~15 分，中风险 □3 级：16~20 分，高风险
	营养不良风险	□0 级：初筛总分≥12 分，营养状况很好 □1 级：量表总分≥24 分，营养状况良好 □2 级：量表总分 17~24 分，营养状况较差 □3 级：量表总分≤17 分，营养状况极差
风险等级	□0 级：无风险 □1 级：低风险 □2 级：中风险 □3 级：高风险	
社会状况评估	人际关系	□0 级：21~28 分，人际关系较好 □1 级：15~20 分，人际关系一般 □2 级：9~14 分，人际关系较差 □3 级：0~8 分，人际关系极差
	社会支持	□0 级：总分≥27 分，支持能力较强 □1 级：总分 17~26 分，支持能力一般 □2 级：总分 7~16 分，支持能力较差 □3 级：总分 0~6 分，支持能力极差
	家庭支持	□0 级：8~9 分，家庭支持较好 □1 级：6~7 分，家庭支持一般 □2 级：3~5 分，家庭支持较差 □3 级：1~2 分，家庭支持极差
	文化评估	描述文化评估的情况
	角色评估	描述角色评估的情况

表12-2(续)

老年人照护需求等级	□0 级 □1 级 □2 级 □3 级 □4 级 □5 级
入住类型	□自理 □1 级介助 □2 级介助 □1 级介护 □2 级介护 □全护
评估师确认	签名1 年 月 日 签名2 年 月 日
评估机构确认	（盖章） 年 月 日
签收人签名	（签名） 年 月 日

案例分析

陈婆婆，85 岁，小学文化，丈夫已离世 3 年。陈婆婆的姐姐在 2 年前已离世。陈婆婆的哥哥育有一子，其现与陈婆婆居住。陈婆婆有高血脂，患有家族遗传性高血压等疾病。2020 年 11 月 3 日，陈婆婆的女儿将其送入“美好家园”养老机构。

经评估，陈婆婆各项评估结果如下：

①日常生活自理能力 65 分。

②工具性生活自理能力 6 分。

③认知能力 17 分。

④感知觉与沟通能力：意识清醒，视力 1 分，听力 2 分，沟通 2 分。

⑤疾病状况评估：患有高血压、高血脂、关节炎。

⑥抑郁状况：6 分。

⑦焦虑状况：18 分。

⑧跌倒风险评估：32 分。

⑨压疮风险评估：16 分。

⑩噎食风险评估：0 分。

⑪营养不良风险评估：总分 28 分。

请根据以上入院评估结果，撰写评估报告，并得出照护需求等级。

思考题

1. 简述老年人照护需求等级评估的内容。
2. 如何准确撰写老年人照护需求等级评估报告？
3. 老年人照护需求等级评估报告的核心指标是什么？
4. 老年人照护需求等级评估的标准是什么？

参考文献

[1] 程冉. 养老机构老年人照护需求评估的实证研究 [D]. 济南：山东大学，2017.

[2] 肖艳艳，杨雪，肖树芹，等. 老年持续评估记录和评价条目集的汉化及信效度检验 [J]. 中华护理杂志，2018，53 (6)：762-768.

[3] 李玮彤，徐桂华. 老年人照护需求综合评估研究现状及进展 [J]. 中国全科医学，2018，21 (27)：3290-3295.

[4] 李玮彤. 养老机构老年人综合能力评估及分级照护等级划分的研究 [D]. 南京：南京中医药大学，2020.

第十三章　养老机构照护等级与服务内容

学习目标

1. 掌握养老机构照护等级的划定与服务项目
2. 熟悉服务项目对应的服务内容
3. 熟悉服务内容制定的步骤
4. 了解养老机构老年人照护计划的分类
5. 具有根据照护等级提供相应照护服务内容的能力

照护计划是养老机构给老年人的承诺，是护理收费的依据，也是护理员的工作指南。评估师根据评估结果，考虑到老年人及其家属的意愿，同时考虑时间分配、经济条件等因素，从而确定照护等级及服务内容，制订个性化照护计划。

一、照护计划的分类

在实施养老照护服务之前，照护计划是必不可少的。简单来说，照护计划就是老年人具体接受哪些服务的计划表。根据服务地点和服务类型的不同，照护计划大致可以分为三种：居家服务计划、机构服务计划、社区服务计划。本章将主要介绍机构服务计划。

二、养老服务项目及内容

养老机构的服务项目主要包括生活照护、基础照护、康复服务、心理支持、社会服务及安宁疗护。表 13-1 为养老服务项目及内容。

表 13-1 养老服务项目及内容

服务项目	服务内容
生活照护	环境照护、清洁照护、饮食照护、排泄照护、睡眠照护、穿脱衣物照护
基础照护	体征观测、皮肤护理、用药照护、失智照护、应急服务、风险应对、感染防控
康复服务	康乐活动、康复锻炼、体位转换、认知训练
心理支持	沟通交流、精神慰藉、心理辅导
社会服务	社会活动服务、社会支持服务、对外通信联络、对外交通联络
安宁疗护	临终老人及家属的护理、临终老人死亡后的护理

三、养老服务内容制定的步骤

评估师根据评估结果制订老年人照护计划时，通常按照以下三个步骤依次进行：

（1）评估老年人的照护等级，确定老年人的入住类型。

（2）参照标准的服务内容，确定服务计划。

（3）按照计划实施照护，同时根据老年人的具体情况变更评估等级及照护内容。

四、照护等级与服务内容

养老机构入院评估的照护等级分为 6 级，其适宜对象和照护内容如表 13-2 所示。

表 13-2 不同照护等级对应的适宜对象和照护内容

照护等级	适宜对象	照护内容
自理老人（0 级）	生活完全能够自理； 无相关疾病； 视力、听力基本正常； 无精神、心理问题或思维障碍； 认知正常；	1. 每日清扫居家卫生，室内外物品摆放整齐，桌面、地面、门窗及墙壁清洁无积灰，室内无蝇蚊滋生、无鼠、无臭虫、无异味、无乱堆乱放物品。 2. 酌情开窗通风，保持室内外空气流通，根据季节做好防暑保暖工作。 3. 保持床铺清洁，每月更换，必要时随时更换。 4. 保持老人服装干净得体，并定期换洗，春、秋、冬季每周 1 次，夏季每周至少 2 次。 5. 督促老人洗头、理发、剃须、修剪指甲、沐浴，老人身体不适期间协助其漱口、洗脸、洗手、洗脚、梳头、沐浴。 6. 每日保证开水供应，按时开饭，鼓励老人集体用餐，为身体不适期间的老人送饭菜到居室。 7. 建立健康档案，每月 2 次测量血压、体温、脉搏、呼吸，注意观察老人身体变化，发现异常情况及时安排就医并通知家属。 8. 护理员 24 小时值班，夜间每 2 小时巡视一次，观察老人的睡眠情况，及时处理意外情况。 9. 定期组织健康讲座，鼓励老人积极参与，加强沟通交流。 10. 提供适宜的环境，定期开展各类康乐活动。 11. 组织老人参加有意义的社会活动，提醒家属关爱老人。 12. 协助老人对外通信联络，代为联系交通服务

表13-2(续)

照护等级	适宜对象	照护内容
1级介助 （1级）	生活基本能够自理； 意识清楚，认知正常； 有1~2中第一类疾病； 各种疾病处于稳定期； 单、双足能够站立、行走，坐姿基本稳定； 有轻微的心理问题；	1. 每日清扫居家卫生，室内外物品摆放整齐，桌面、地面、门窗及墙壁清洁无积灰，室内无蝇蚊滋生、无鼠、无臭虫、无异味、无乱堆乱放物品。 2. 酌情开窗通风，保持室内外空起流通，根据季节做好防暑保暖工作。 3. 保持床铺清洁，每月更换，必要时随时更换。 4. 帮助老人早晨整理床铺，晚上铺床，定期翻晒被褥。 5. 保持老人服装干净得体，并定期换洗，春、秋、冬季每周1次，夏季每周至少2次。 6. 每周提醒老人洗澡1次，并帮助调好水温、取暖等设备，照看老人洗澡但不提供洗澡服务。 7. 协助老人洗头，冬季每周至少1次，夏季每周至少2次；理发每两个月1次；剃须、修剪指甲每两周1次。 8. 老人身体不适期间，协助老人漱口、洗脸、洗手、梳头、洗脚以及沐浴。 9. 每日保证开水供应，按时开饭，引导老人进食，为身体不适期间的老人送饭菜到居室。 10. 建立个人档案，实施慢病管理，每周1次测量血压、体温、脉搏、呼吸，注意观察老人身体变化，发现异常情况及时安排就医并通知家属。 11. 护理员24小时值班，夜间每2小时巡视1次，观察老人的睡眠情况，及时处理意外情况。 12. 提醒老人按时服药。 13. 协助老人做一些适宜的康复锻炼。 14. 提供适宜的环境，定期开展各类康乐活动。 15. 定期组织健康讲座，鼓励老人积极参与，并实施心理疏导。 16. 组织老人参加有意义的社会活动，提醒家属关爱老人。 17. 协助老人对外通信联络，代为联系交通服务

表13-2(续)

照护等级	适宜对象	照护内容
2级介助（2级）	日常生活部分自理，需部分协助； 移动位置需部分协助； 能自行进食； 单、双足能站立、行走，坐姿不稳，需助行器辅助； 患有3种以上第一类疾病； 行动缓慢； 有轻度认知障碍和中度心理问题；	1. 每日清扫居家卫生，室内外物品摆放整齐，桌面、地面、门窗及墙壁清洁无积灰，室内无蝇蚊滋生、无鼠、无臭虫、无异味、无乱堆乱放物品。 2. 酌情开窗通风，保持室内外空起流通，根据季节做好防暑保暖工作。 3. 保持床铺清洁，每月更换被罩、床单、枕巾，必要时随时更换。 4. 帮助老人早晨整理床铺，晚上铺床，定期翻晒被褥。 5. 保持老人服装干净得体，并定期换洗，春、秋、冬季每周1次，夏季每周至少2次。 6. 定期为老年人沐浴，冬、春、秋季每周1次，夏季气候炎热时，每日洗澡。 7. 协助老人洗头，冬季每周至少1次，夏季每周至少2次，理发每两个月1次，剃须、修剪指甲每两周1次。 8. 晨起协助老人漱口、洗脸、洗手、梳头，晚上协助老人洗脸、洗手、洗脚。 9. 协助老人穿脱衣、裤，并协助其整理个人物品。 10. 协助老年人如厕，协助会阴部擦洗，为便秘老人做好通便护理，并清理坐便器。 11. 每日保证开水供应，按时开饭，引导老人进食、进水；为身体不适期间的老人送饭菜到居室。 12. 建立个人档案，实施慢病管理，每周2次测量血压、体温、脉搏、呼吸，注意观察老年人身体变化，发现异常情况及时安排就医并通知家属。 13. 提供发药服务并提醒、督促老人吃药。 14. 护理员24小时值班，夜间每2小时巡视一次，观察老年人的睡眠情况，及时处理意外情况。 15. 定期组织健康讲座，陪同老人参加。 16. 协助老人做一些适宜的康复锻炼和认知训练（1次/周）。 17. 为行走不便的老年人提供临时拐杖、轮椅和其他辅助用具。 18. 提供适宜的环境，定期开展各类康乐活动，陪同老人参与。 19. 提供适宜的环境，开展心理指导和心理咨询（1次/周）。 20. 组织老人参加有意义的社会活动，提醒家属关爱老人。 21. 帮助老人对外通信联络，代为联系交通服务

表13-2(续)

照护等级	适宜对象	照护内容
1级介护 (3级)	日常生活需大部分协助; 移动困难,极易发生意外、位置移动需轮椅等代步工具; 患有3种及以上第一类疾病; 沟通能力弱; 双足站立需扶助、坐姿不能自主完成; 跌倒风险较大; 进食、清洁、洗漱、便前、便后需部分协助; 中度失智; 有轻度褥疮; 有重度心理问题;	1. 每日清扫居家卫生,室内外物品摆放整齐,桌面、地面、门窗及墙壁清洁无积灰,室内无蝇蚊滋生、无鼠、无臭虫、无异味、无乱堆乱放物品。 2. 酌情开窗通风,保持室内外空起流通,根据季节做好防暑保暖工作。 3. 保持床铺清洁,每月更换被套、床单、枕巾,必要时随时更换。 4. 帮助老人早晨整理床铺,晚上铺床,定期翻晒被褥。 5. 保持老人服装干净得体,并定期换洗,春、秋、冬季每周1次,夏季每周至少2次。 6. 定期为老年人沐浴,冬、春、秋季每周1次,夏季气候炎热时,每日洗澡或擦身。 7. 帮助老人洗头,冬季每周至少1次,夏季每周至少2次,理发每两个月1次,剃须、修剪指甲每两周1次。 8. 晨起帮助老人漱口、洗脸、洗手、梳头,晚上帮助老人洗脸、洗手、洗脚、洗会阴部。 9. 协助老人穿脱衣、裤,并帮助其整理个人物品。 10. 每日保证开水供应,按时开饭,协助老人进食、进水;为身体不适期间的老人送饭菜到居室,并协助完成进食。 11. 帮助老人大小便、会阴部擦洗,为便秘老年人做好通便护理,及时倾倒、清洗尿壶及便盆,并定期消毒。 12. 每周4次测量血压、体温、脉搏、呼吸,注意观察老年人身体变化,发现异常情况及时安排就医并通知家属。 13. 帮助老人保管、清理药品,每日分药、发药并按时喂药。 14. 护理员24小时值班,夜间每2小时巡视一次,观察老年人的睡眠情况,及时处理意外情况。 15. 帮助老人做一些适宜的康复锻炼和认知训练(3次/周)。 16. 为行走不便的老年人提供临时拐杖、轮椅和其他辅助用具,并看护老人以防跌倒。 17. 为易发生坠床、轮椅意外的老年人,提供床栏等安全保护用具。 18. 视天气情况,带老年人到户外活动或接受光照1~2小时。 19. 提供适宜的环境,开展心理指导和心理咨询(3次/周)。 20. 组织老人参加有意义的社会活动,提醒家属关爱老人。 21. 帮助老人对外通信联络,代为联系交通服务

表13-2(续)

照护等级	适宜对象	照护内容
2级介护（4级）	日常生活基本不能自理； 饮食起居依赖他人照护； 身体虚弱，术后需护理； 需帮助其康复锻炼； 饮食需要特殊照料； 患有3种及以上第一类疾病； 重度失智； 视力/听力基本丧失； 有中度褥疮； 有中度以上心理问题；	1. 每日清扫居家卫生，室内外物品摆放整齐，桌面、地面、门窗及墙壁清洁无积灰，室内无蝇蚊滋生、无鼠、无臭虫、无异味、无乱堆乱放物品。 2. 酌情开窗通风，保持室内外空起流通，根据季节做好防暑保暖工作。 3. 保持床铺清洁，每月更换被罩、床单、枕巾，必要时随时更换。 4. 帮助老人早晨整理床铺，晚上铺床，定期翻晒被褥。 5. 保持老人服装干净得体，并定期换洗，春、秋、冬季每周一次，夏季至少每周二次。 6. 定期为老年人沐浴，冬、春、秋季每周1次，夏季气候炎热时，每日洗澡或擦身。 7. 帮助老人洗头，冬季每周至少1次，夏季每周至少2次，理发每两个月1次，剃须、修剪指甲每两周1次。 8. 晨起帮助老人漱口、洗脸、洗手、梳头，晚上帮助老人洗脸、洗手、洗脚、洗会阴、臀部，必要时做好口腔护理。 9. 帮助老人穿脱衣、裤，并帮助其整理个人物品。 10. 协助床旁/床上如厕，及时清洗会阴部，倾倒、清洗尿壶及便器；对大小便失禁的老人，勤查看，及时更换尿布/尿袋，及时清洗会阴部，保持会阴部皮肤清洁、无异味。 11. 为发生呕吐的老人及时清洗，并更换衣服。 12. 每日保证开水供应，按时开饭，为老人送饭菜到居室并提供喂饭、喂水服务。 13. 每天测量1次血压、体温、脉搏、呼吸，注意观察老年人身体变化，发现异常情况及时安排就医并通知家属。 14. 帮助老人保管、清理药品，每日分药、发药并按时喂药。 15. 每2小时为老人翻身一次，变换体位，为发生压疮的老人进行压疮护理。 16. 护理员24小时值班，夜间每2小时巡视一次，观察老年人的睡眠情况，及时处理意外情况。 17. 帮助老人做一些适宜的康复锻炼和认知训练（1次/天）。 18. 为行走不便的老年人提供临时轮椅和其他辅助用具并有专人陪护。 19. 为易发生坠床、轮椅意外的老年人，提供床栏等安全保护用具。 20. 视天气情况，带老年人到户外活动或接受光照1~2小时。 21. 提供适宜的环境，开展心理指导和心理咨询（3次/周）。 22. 提醒家属关爱老人。 23. 帮助老人对外通信联络，代为联系交通服务

表13-2(续)

照护等级	适宜对象	照护内容
全护 （5级）	完全丧失独立生活能力； 吃饭、穿衣裤、大小便需全面照料； 由于疾病卧床； 瘫痪； 视力/听力完全丧失； 失智严重，有语言、行为障碍间歇性神志不清； 有重度心理问题； 有重度褥疮； 术后需要特别护理，尤其是保留有各种引流患者的护理以及其他特殊护理； 其他	1. 每日清扫居家卫生，室内外物品摆放整齐，桌面、地面、门窗及墙壁清洁无积灰，室内无蝇蚊滋生、无鼠、无臭虫、无异味、无乱堆乱放物品。 2. 酌情开窗通风，保持室内外空起流通，根据季节做好防暑保暖工作。 3. 保持床铺清洁，每月更换被套、床单、枕巾，必要时随时更换。 4. 帮助老人早晨整理床铺，晚上铺床，定期翻晒被褥。 5. 保持老人服装干净得体，并定期换洗，春、秋、冬季每周1次，夏季每周至少2次。 6. 定期为老年人沐浴，冬、春、秋季每周1次，夏季气候炎热时，每日洗澡或擦身。 7. 帮助老人洗头，冬季每周至少1次，夏季每周至少2次，理发每两个月1次，剃须、修剪指甲每两周1次。 8. 晨起帮助老人洗脸、洗手、梳头，晚上帮助老人洗脸、洗手、洗脚、洗会阴、洗臀部。 9. 帮助老人每天进行口腔清洁一次，每周进行口腔护理一次。 10. 帮助老人穿脱衣、裤，并帮助其整理个人物品。 11. 帮助老人床上如厕，及时清洗会阴部，倾倒、清洗尿壶及便器；对大小便失禁的老人，勤查看，及时更换尿布/尿袋/护理垫/纸尿裤，及时清洗会阴部，保持会阴部皮肤清洁、无异味。观察老年人排泄物的性状、颜色、次数及量，报告并记录异常情况。 12. 为发生呕吐的老人及时清洗，并更换衣服。 13. 每日保证开水供应，按时开饭，为老人送饭菜到居室并提供喂饭、喂水服务；根据老人的病情制定个性化膳食。 14. 每天至少测量2次血压、体温、脉搏、呼吸，注意观察老年人身体变化，发现异常情况及时安排就医并通知家属。 15. 帮助老人保管、清理药品，每日分药、发药并按时喂药。 16. 每2小时（必要时每1小时）为卧床老人翻身一次，变换体位，定期检查皮肤受压情况，为发生压疮的老人进行压疮护理。 17. 对患病老年人严密观察病情变化，制定针对性护理措施，并做好记录，防止并发症的发生。 18. 护理员24小时值班，夜间每2小时巡视一次，观察老年人的睡眠情况，及时处理意外情况。 19. 帮助老人做一些适宜的康复锻炼。 20. 为老年人提供临时轮椅和移动床。 21. 为易发生坠床、轮椅意外的老年人，提供床栏等安全保护用具。 22. 视天气情况，带老年人到户外接受光照1~2小时。 23. 开展心理咨询，不定期陪老人聊天，舒缓心情。 24. 提醒家属关爱老人。 25. 帮助老人对外通信联络，代为联系交通服务。 26. 协助解决临终老人的身体、心理、精神、社会等需求；为临终家属提供精神安慰；协助进行遗体料理及终末消毒；协助提供殡葬服务、遗体捐赠服务等对接；协助提供哀伤辅导、后事指导及遗物处理服务

思考题

1. 养老机构的服务项目有哪些?
2. 养老机构中核心的服务项目是什么?
3. 不同照护等级的服务内容有什么区别?
4. 简述照护内容制定的步骤。

参考文献

［1］胡丽. 基于奥瑞姆理论构建养老机构护理分级标准的研究［D］. 重庆：重庆医科大学，2016.

［2］王燕君，朱远，张沁，等. 国内外养老机构分级护理现状及我国的构建思路［J］. 中国全科医学，2017，20（34）：4224-4228

［3］石秦川. 养老机构老年人能力等级划分及照护内容界定的实践研究［D］. 南京：南京中医药大学，2017.

［4］刘玉玉，林金蕾，张倩，等. 养老机构老年人能力评估与分级服务需求探究［J］. 护理研究，2018，32（7）：1150-1153.

［5］徐桂华. 健康管理视域下养老机构老年人分级照护模型研究［J］. 中国全科医学，2019，22（4）：457-461.

［6］桂前，王燕君，张沁，等. 基于国际居民长期照护评估工具的养老机构不同能力等级老年人照护需求研究［J］. 中国全科医学，2019，22（4）：473-477.

附录　养老机构入院评估量表汇集